Johann Schneider

Die Vertreibung aus dem Paradies

Wie aus dem Fressen ein moralisches
Problem wurde · Eine kurze Einführung
in die Grundfragen der Moral

Fachhochschulverlag
DER VERLAG FÜR ANGEWANDTE WISSENSCHAFTEN

Johann Schneider
Die Vertreibung aus dem Paradies
Wie aus dem Fressen ein moralisches Problem wurde ·
Eine kurze Einführung in die Grundfragen der Moral

© 2001 Fachhochschulverlag
Der Verlag für Angewandte Wissenschaften
ISBN 3-923098-89-8

DTP:
Andreas Bauer, Michael Becker, Monika Weiland

Druck und Bindung:
Bertelsmann Media on Demand
07381 Pößneck

Preis:
Das Buch kostet 15,– DM
ab 1.1.2002: 7,70 – €
(einschließlich Versandkosten)

Bestellungen:
Fachhochschulverlag
Kleiststraße 31
60318 Frankfurt am Main

Telefon (0 69) 15 33 – 28 20
Telefax (0 69) 15 33 – 28 40
E-Mail   bestellung@fhverlag.de
www.fhverlag.de

INHALT

There is nothing either good or bad, but
thinking makes it so
(An sich ist nichts weder gut noch böse,
das Denken macht es dazu)

(Shakespeare, Hamlet, 2,2)

»KOMMT ERST DAS FRESSEN, DANN DIE MORAL?« – EIN KLEINES VORWORT

Mit Moral verbinden sich meist keine positiven Gefühle. Moral, das ist das, was man alles nicht darf und was einem den Spaß verdirbt, sie stellt die gesunden Vitamine dar, nicht die schmackhaften Kalorien. Moralpredigten, »ins Gewissen Reden«, »Gewissensbisse bekommen«, alles Dinge ohne großen Unterhaltungswert. Erst kommt das Fressen..., vielleicht sollte man es dabei einfach belassen. Um unsere Moral kümmern sich schon die anderen und vermiesen einem dann damit das Leben. Leider gilt dies auch umgekehrt. Wir stellen selbst Ansprüche an andere, fühlen uns durch ihre Rücksichtslosigkeit belästigt und eingeschränkt und haben das Gefühl, es ginge uns bei unserem Fressen besser, wenn die anderen nicht immer nur an ihr Fressen denken würden. Wir sind auch gerne moralisch empört, wenn andere uns eins ausgewischt haben oder schlecht über uns reden.
Kurz: Die Welt ist schlecht und ungerecht und mit der Moral scheint es nicht zum Besten zu stehen.

Wer kümmert sich um die Moral? Es scheint eine Angelegenheit von Weltverbesserern zu sein, von Pfarrern und solchen, die es gerne geworden wären. Das sind meist Menschen, denen die Lebenslust nicht aus den Augen sprüht, eher schon der strenge Blick oder der moralische Bannstrahl. Da gibt es dann auch noch die Philosophen, die wissen wollen, was, wenn nicht gar die ganze Welt, so doch zumindest die Menschheit zusammenhält. Sie blicken zwar nicht immer so missmutig wie die Moralisten, aber doch etwas weltfremd und durchgeistigt, einige von ihnen sind denn auch Liebhaber geistiger Getränke (meist Wein, sie sind halt aus der Mittelschicht), was immerhin beruhigt. Richtig schmackhaft machen sie ihren Lesern die Beschäftigung mit Moral aber auch nicht, zumindest sprechen die Auflagen ihrer Bücher dagegen. Höher sind die Auflagen, wenn es darum geht ganz allgemein den Verfall der Moral, vor allem bei den jeweils anderen zu beklagen und man sich dabei so schön wohl und selbstgerecht fühlen kann. Auch sonntags ist oft in durchaus erbaulicher Weise von Moral die Rede, aber montags kümmert das Geschwätz von Gestern niemanden mehr.
Was kann einen denn dann motivieren, sich mit Moral zu beschäftigen und darüber zu lesen? Pädagogen greifen in solchen Fällen gern zu einem Beispiel, das die Notwendigkeit des Nachdenkens zwingend verdeutlichen soll, aber ich bin kein Pädagoge, und ob Moral nun nützlich und zwingend notwendig ist, ist selbst schon eine moralische Frage. Außerdem: Der Leser hat das Buch ja auch schon in der Hand und ich setze meine Hoffnung in eine gewisse Grundneugier und darauf, dass der Appetit beim Essen kommt.

Viele Bücher wollen nicht nur unterhalten oder nützliche Ratschläge erteilen oder beides zusammen, sondern einen gewissen Grübelzwang befriedigen, und sie beeinflussen damit beim Leser die Art und Weise, die Dinge zu betrachten. Auch der Grübelzwang hat natürlich seine Anlässe, aber es sind eben Anlässe und Beobachtungen, meist nicht drängende Probleme, die es zu lösen gilt. Bücher über Moral gehören zu dieser Art. Natürlich kann man immer aktuelle moralische Probleme nennen, aktuell gehört die Diskussion über die Genmanipulation oder die aktive Sterbehilfe dazu. Aber so konkret die Probleme auch sein mögen, so wenig konkret sind meist die Antworten der sogenannten Experten und diverser Ethikkommissionen. Diese Probleme sind eben meist nur die Anlässe, sich generellere Gedanken zu machen, um alsbald auf das weitere Problem zu stoßen, wie man über diese konkreteren Probleme nachdenken kann, und diese Anlässe geraten dann schnell in den Hintergrund.

Eine meiner frühesten Erinnerungen als Kind war ein Gespräch zwischen zwei Frauen aus der Nachbarschaft über das Elend dieser Welt, das mit dem immer wieder auch später gehörten Satz endete: »Wenn es nach uns ginge, dann kämen wir ohne Krieg und all solche Sachen aus, aber es geht ja nicht nach uns und uns fragt ja keiner.« Diesen Satz hat jeder auf dieser Welt schon einmal gesagt oder zumindest gedacht, und wenn dies stimmt, dann fragt man sich doch, warum es offensichtlich nicht ohne Krieg und solche Sachen zu gehen scheint. Die Bösen sind immer irgendwie da und sind immer die anderen, aber warum?
Eine weitere Erinnerung teile ich wahrscheinlich mit allen anderen: die meisten Geschichten meiner Kindheit hatten immer eine Moral. Sie sollten zeigen, was man nicht darf oder was man unbedingt tun sollte, was brav und was unartig war. Und alle Menschen, die sich bekriegen, sich ans Leder wollen und auch sonst nicht nett zueinander sind, haben solche Geschichten gehört und mehr oder weniger auch beherzigt. Sie fühlen sich im Recht und empfinden die anderen als böse, weil – wie schon gesagt – es ja nicht nach einem selbst geht und keiner auf einen hört. »Jeder denkt an sich, nur ich denk an mich«, das ist das Kurzresümee dieser Analyse oder in anderen Worten: Ich halte mich an die Moral und bin dabei der Dumme.
Aber es gibt natürlich auch noch eine weitere Erfahrung. Das Zusammenleben zwischen den Menschen klappt eigentlich – zumindest im Nahbereich – ganz gut, und jedenfalls weiß man im Alltag, wie man sich verhalten muss und tut dies auch. Das Gejammer um den Niedergang der Moral kann man nicht mehr hören. Allenthalben sind Moralisten unterwegs, die den Verfall der Werte beklagen, den wachsenden Egoismus, die Ungerechtigkeit der Welt, und unbekümmert davon leben die meisten Menschen ganz zufrieden vor sich hin, zumindest bei uns, und die Kriege und Katastrophen sind immer weit weg (obgleich sie verdächtig nahe kommen).

Schließlich habe ich die Erfahrung gemacht, dass die meisten sich zwar gerne ganz allgemein über mangelnde Moral beklagen, sich aber vom Nachdenken über Moral wenig versprechen. Was moralisch ist, weiß man, die Menschen müssten sich nur daran halten.

Ich bin mir bis heute nicht ganz sicher, ob das systematische Nachdenken über Moral die Moral verbessert oder nur akademischer Zeitvertreib ist, zumal es von den meisten Menschen ja nicht zur Kenntnis genommen wird. Ob der Kopf wichtiger ist als das Herz, um ein beliebtes Bild aufzunehmen, ist auch unter Philosophen umstritten. Dennoch denkt man immer wieder darüber nach, dem Grübelzwang ist offensichtlich nicht zu entkommen.
Nun habe ich vor einigen Jahren – Nachdenken und Schreiben ist schließlich mein Beruf, ich brauche also kein echtes Problem, um tätig zu werden – ein Buch über Moral geschrieben. Eigentlich sollte es leicht verständlich sein, aber wie das bei Akademikern so ist, sie wollen immer auch zeigen, wie klug sie sind, und das erleichtert die Lektüre nicht. Das Buch hat mittlerweile dennoch die zweite (kleine) Auflage erlebt, aber es bleibt ein Buch mit halbwegs theoretischem Anspruch und wendet sich an die Leser mit entsprechendem Interesse.

Das vorliegende Bändchen erhebt diesen Anspruch nicht. Es will wirklich nur verständlich und flott lesbar sein, und wenn es einen weiteren Anspruch erhebt, dann den, dass es die richtige Quintessenz aus den moralischen und ethischen Überlegungen der akademischen Diskussion widerspiegelt. Aber es bezieht natürlich auch Position. Dies ist unvermeidlich bei allen Fragen, über die gestritten wird. Es ist damit natürlich auch ein Test dafür, ob und gegebenenfalls was aus dieser anspruchsvollen Sphäre übrig bleibt, wenn man nach vielen komplizierten Überlegungen wieder auf die Erde der Alltagspraxis zurück kommt. Ist man danach wirklich klüger? Es gibt deshalb auch keine zitierte Literatur und wenige Fremdworte und akademische Fachausdrücke. Es tut also so, als sei alles auf dem Mist des Autors gewachsen. Das ist natürlich nicht der Fall. Wer alles doch genauer wissen will, muss doch andere Bücher (darunter vor allem meines) lesen, und vielleicht regt die Lektüre ja auch dazu an.

Die Moral von diesem Vorwort: Die Welt, in der wir so ganz gut zurecht kommen, ist eigentlich schlecht, was daran liegt, dass vor allem die anderen sich nicht an die Moral halten, die sie eigentlich gelernt haben sollten. Da die anderen dies auch denken und uns damit meinen, sollten wir uns doch über Moral einen Gedanken machen. Alle wollen gut sein, aber woher kommt dann das Böse? Die Frage stellt sich fast von selbst, hätten wir aber einen Nutzen davon, wenn wir die Antwort wüssten?

A **VON DER GÜLTIGKEIT DES ALLGEMEINEN**

1 **Adam und Eva. Wie das Böse in die Welt kam**

Die Frage, warum es das Böse gibt und wie es in die Welt kam, hat die Menschen schon immer beschäftigt. Die Vorstellung von einem Leben ohne das Böse ist immer attraktiv und die Suche nach einem Rezept dagegen ungebrochen. Wüsste man, woher es kommt, wüsste man vielleicht auch, wie man es besiegt. Die meisten Religionen und Mythologien geben darauf eine Antwort und auch das wissenschaftliche Zeitalter hat eine Reihe von Thesen präsentiert. Die Lage bleibt aber bis heute unbefriedigend: Die religiösen und mythologischen Erzählungen kann man glauben oder auch nicht, und die wissenschaftlichen Antworten konnten bislang nicht auf ungeteilte Zustimmung unter den Wissenschaftlern selbst stoßen. Ob nun das Privateigentum, das Patriarchat oder der Aggressionstrieb, was immer als wissenschaftliche Erklärung angeboten wurde, war Gegenstand kontroverser Diskussionen und provoziert zudem weitere Fragen, weil jede Ursache ja wieder eine Ursache hat und die wissenschaftliche Fragerei kein Ende zu nehmen scheint. Religiöse Antworten haben hierin den Vorteil, dass sie sich als endgültig geben können. Sie behaupten einfach eine Prima Causa, einen ersten Grund. Wissenschaftliches Forschen nach Ursachen dagegen ist prinzipiell unendlich.
Sehr viel seltener wurde und wird dagegen nach dem Ursprung des Guten gefragt, aber abgesehen davon, dass der Grund dafür eine andere Frage ist, scheint sie schon auf den ersten Blick auch nicht viel einfacher zu beantworten zu sein.

Betrachtet man die Sache historisch, so muss man sich offensichtlich damit abfinden, dass keiner dabei war, als das Böse in die Welt kam, und betrachtet man die Angelegenheit systematisch, so ruhen aktuell die Hoffnungen Vieler auf der Entschlüsselung des menschlichen Genoms. Vielleicht ist ja da etwas zu finden, einige Kriminologen jedenfalls suchen schon lange (bislang vergeblich) im Erbgut nach der Ursache für das Verbrechen.

Von wichtigen Dingen sagt man gewöhnlich, dass man sie erfinden müsste, wenn es sie nicht gäbe, und im Fall des Bösen scheint dies mehr als wahr zu sein. Ein Blick auf all die Kriminalromane, Kriminalfilme, aber auch auf die meisten Kriegs-, Action- und Science-Fiction-Filme zeigt, dass es offensichtlich nichts Unterhaltenderes gibt, als sich etwas ganz Böses und den Kampf dagegen vorzustellen. Wir erfinden das Böse andauernd neu und in neuester (technisch aktualisierter) Form und erfreuen uns daran, wie das Gute über das Böse siegt. Vielleicht ist die Tatsache, dass wir das Böse offensichtlich irgendwie brauchen, ein erster Hinweis darauf, dass das Böse mehr etwas mit uns zu tun hat, als uns lieb ist, und dass wir uns lieber selbst fragen sollten, woher das Böse kommt, und nicht die Weltdeuter oder Wissenschaftler.

Ein weiterer Hinweis scheint bereits jetzt angebracht: Das Böse sind immer die anderen oder das andere und das gilt natürlich auch aus der Sicht dieser anderen. Wir fragen uns meist nur, warum die anderen so böse sind oder warum nicht alles so ist, wie wir es wollen. Die Welt ist eben schlecht und ungerecht, vor allem zu uns und überhaupt gilt: the evil ist always and everywhere.

Und damit sind wir dann doch da, wo alles angefangen hat: bei Adam und Eva und der Vertreibung aus dem Paradies. Diese Geschichte ist uns allen mehr oder weniger vertraut und prägt zumindest in unserem Kulturkreis die Vorstellung, wie alles anfing mit dem beschwerlichen Leben, und womit wir es verdient haben. Wir wollen damit nicht in die religiöse Requisitenkammer der Erklärung greifen, lehrreich ist sie dennoch, wie sich hoffentlich zeigen wird.

Die Story ist ja schnell erzählt. Im Paradies war alles in schönster Ordnung, und obwohl sich die Bibel nicht bei Einzelheiten aufhält, gilt ein paradiesisches Leben jedenfalls als eines ohne Kummer und Leid, bzw. ohne das Böse. Gott hat nun den Menschen offensichtlich nichts verboten, außer von einem bestimmten Baum zu essen. Ein solches singuläres Verbot, noch dazu ohne Begründung, ist natürlich eine Provokation und es konnte nur eine Frage der Zeit sein, wann es mit oder ohne Hilfe der Schlange gebrochen würde. Solche Verbotsszenarien haben übrigens literarische Karriere gemacht. In vielen Romanen geht es darum, dass irgendein Zimmer eines Hauses, irgendein Buch usw. tabu ist, und weil Tabus nun mal gebrochen werden müssen, lässt sich der jeweilige Held auch nicht abschrecken und bricht es, was die Story dann so richtig in Schwung bringt. Mit Adam und Eva und der folgenden Menschheitsgeschichte war es ja auch nicht anders.

Für uns ist dabei nun lediglich interessant, wie das Böse nun aussah, das als Strafe dem Vergehen auf dem Fuß folgte. Da ist natürlich einmal die Vertreibung aus dem Paradies und damit der Zwang, das Leben im Schweiße seines Angesichts zu bewältigen. Vor allem mit den Frauen meinte Gott es nicht besonders gut (»unter Mühen sollst du gebären«), quasi als Extrastrafe für Evas Vergehen. Dies alles ist sicherlich misslich und wir haben täglich darunter zu leiden, es mag auch böse von Gott sein, uns dies aufzuerlegen, das Böse selbst ist damit aber noch nicht erklärt.

Wir müssen dabei natürlich unterscheiden, was für uns unangenehm und was für uns böse ist. Obgleich das Böse meist unangenehm ist, gilt das Gegenteil nicht unbedingt. Das Wetter mag schlecht sein, böse ist es nicht. Interessanter ist deshalb die Erkenntnis, die mit der Frucht vom Baum der Erkenntnis verbunden war: nicht die Fähigkeit, Angenehmes und Unangenehmes zu unterscheiden, bzw. dem Unangenehmen ausgesetzt zu sein, denn das war ja die Strafe für die Erkenntnis, sondern die *Fähigkeit zur Unterscheidung von gut und böse.*

Damit ist auch eine erste Antwort auf die Ausgangsfrage des Woher des Bösen gegeben. Das Böse kommt nach dieser Erklärung als Unterscheidung vom Guten in die Welt, gut und böse treten gemeinsam in unser Leben, das eine gibt es nicht ohne das andere. Eine gute Welt würde uns nicht als gut erscheinen, wüssten wir nicht, dass es auch das Böse gibt. Würden wir das Böse endgültig besiegen, würden wir damit auch das Gute abschaffen. Jede Kriminal-Story endet mit dem Sieg des Guten, über das Leben danach schweigt sie sich aus, das Paradies ist gut, aber auch langweilig, und eigentlich können wir es uns auch gar nicht vorstellen, denn wo es kein Böses gibt, gibt es auch kein Gutes mehr. Dies leuchtet auch ohne die Bibel ein, denn das Böse ist auf das Gute so bezogen wie das Große auf das Kleine oder andere relationale Begriffe, die vom Vergleich leben.

Im Paradies gab es offensichtlich zumindest aus der Sicht von Adam und Eva weder gut noch böse. Wahrscheinlich gab es angenehme und weniger angenehme Situationen, auch die Tiere dürften sich gegenseitig gejagt, verjagt oder gefressen haben (ob Adam und Eva Vegetarier waren, ist nicht überliefert), und das mag für sie angenehm oder unangenehm gewesen sein, ein Gefühl für gut und böse im moralischen Sinne gab es aber nicht. Die Vertreibung aus dem Paradies ist offensichtlich nicht nur mit der Erkenntnis von gut und böse verbunden, sondern vor allem auch mit dem Zwang, das eine vom anderen zu unterscheiden, ein Problem, das uns bis heute eben solche Schwierigkeiten bereitet, wie der Schweiß auf unserem Angesicht bei der Sicherung unserer leiblichen Existenz. Gott hat uns also nicht nur die Erkenntnis geliefert, quasi die akademische Weisheit, sondern zugleich auch den Zwang zur praktischen Umsetzung.

Die Bibel gibt auch einen, wenn auch in diesem Zusammenhang nur einzigen Hinweis, wie dieser Zwang zur Unterscheidung gemeint sein könnte. Es heißt dort, dass Adam und Eva nach der Erkenntnis sahen, dass sie nackt waren. Sie waren es natürlich auch vorher, wie auch die Tiere, es hatte aber offensichtlich keine Bedeutung. Nun mag man darin den Anfang einer sexualfeindlichen Tradition sehen und damit schon die Verkündung einer moralischen Norm, gegen die zu verstoßen etwas Böses ist. Entscheidend ist aber nicht der konkrete Inhalt, sondern dass mit der Unterscheidung von gut und böse konkreten Verhaltensweisen eine bestimmte Bedeutung zugemessen wird, die sie vorher offensichtlich nicht hatten. Wir wissen für uns, dass Nacktsein in der heimischen Badewanne etwas anderes bedeutet als in einem Sex-Club oder am FKK-Strand, etwas anderes als in einer Liebesnacht. Ob man nackt ist oder nicht, hat eine Bedeutung für die Beziehung zu anderen Menschen, und Nacktheit ist einmal angebracht und ein andermal unangebracht, es folgt einmal einer Regel und verstößt ein andermal dagegen.

Die oft und gerne zitierte paradiesische Unschuld, mit der Tiere sich ungeniert fortpflanzen oder ihren Kot absetzen oder der »nackte Wilde« im Urwald sich bewegt und damit in den Augen der »Wissenden« seine Nähe zum Tier demonstriert, zeigt, dass es nach dem Genuss vom Baum der Erkenntnis vorbei war mit der Unschuld oder besser gesagt: mit einer Welt, in der es keine Schuld oder Unschuld gibt. Der Mensch weiß nun, was gut und böse ist und damit kann er auch böse und damit schuldig werden. Auch »unschuldige« Kinder wissen anfangs nicht, dass das, was sie machen, gut oder böse sein kann, sie erfahren es aber sehr schnell und vorbei ist es mit der Unschuld.

Die Moral von der Geschichte? Das Böse kam nicht in die gute Welt, sondern es kam die Unterscheidung von gut und böse in die Welt, beides kam zusammen und beides ist aufeinander angewiesen. Es bleibt dennoch die Frage, warum diese Unterscheidung notwendig wurde. Mit der Vertreibung aus dem Paradies verbinden wir mehr die Vertreibung aus dem, was man besser mit Schlaraffenland beschreiben sollte, die eigentliche Botschaft aber ist die, dass wir mit dem Problem der Moral belastet wurden, mit der Unterscheidung von gut und böse, und dass wir offensichtlich sowohl gut als auch böse sein können. Das Fressen wurde zum moralischen Problem.

2   **Wie aus der Not eine Tugend wurde.**
     Warum wir gut und böse unterscheiden müssen

Die Schöpfungsgeschichte nach christlicher Überlieferung hat spätestens mit der Evolutionstheorie an Überzeugungskraft eingebüßt, auch wenn es immer noch da und dort fundamentalistische Widerstände geben soll. Mit der Entstehung der Moral, mit der Möglichkeit und Notwendigkeit der Unterscheidung von gut und böse, steht es ähnlich, wenn auch komplizierter. Immerhin liegen in der biblischen Version das Positive, die Erkenntnis und damit das Wissen über gut und böse, das bislang Gott vorbehalten war, und das Negative, die Vertreibung aus dem Paradies, eng beisammen. Wir sollten uns jetzt nicht daran stören, dass diese Inszenierung Gottes nicht ganz nachvollziehbar ist und können diese Frage den theologischen Streitereien überlassen. Ganz ähnlich liegen die Dinge aber auch in der nüchternen Sicht evolutionärer Theorien. Nach einer älteren, eher negativen Version besteht die Analogie zur Vertreibung aus dem Paradies darin, dass mit dem Menschen ein Lebewesen auftritt, das vor allem durch schwere Mängel gekennzeichnet ist. Während die anderen Lebewesen für eine bestimmte Umwelt gut ausgerüstet sind und dort auch gut überleben können, wenn diese Umwelt einigermaßen stabil bleibt, so fehlt den Menschen eine solche umweltspezifische Ausstattung. Das macht ihn einerseits verletzlicher, andererseits aber auch flexibler, eine Chance, die er vor allem durch aktive Veränderung seiner Umwelt und die Entwicklung von Technik nutzen kann und auch ausgiebig genutzt hat.

Für unsere Frage ist ein anderer Mangel aber relevanter. Während andere Lebewesen entweder allein überleben können oder für das überlebensnotwendige Zusammenleben mehr oder weniger feste, angeborene Verhaltensformen haben, fehlt auch hier den Menschen ein vorgegebenes Programm. Ameisen und Bienen sind beliebte Beispiele dafür, dass ein kompliziertes Gemeinschaftsleben (wir nennen sie missverständlich die »staatenbildenden« Lebewesen) ohne die bei uns üblichen Probleme (die ewigen Streitereien) möglich ist (glauben wir jedenfalls), und auch die sogenannten höheren Lebewesen bilden ein durchaus komplexes Sozialverhalten mit Traditionen und Ansätzen von Normen aus, was die Grenzziehung zu uns schwierig macht. Letztlich bleibt bei all diesen Schwierigkeiten der Abgrenzung klar, dass die Menschen ihr Zusammenleben auf andere Weise gestalten müssen, als dies den Tieren in paradiesischer Unschuld möglich ist.

Die Menschen müssen sich Regeln geben und Normen aufstellen und geben sich damit auch die Möglichkeit, dagegen zu verstoßen. Es ist dieser Mangel an angeborenen Regeln des Zusammenlebens, die pure Not also, die die Menschen dazu zwingt, sich Regeln zu geben. Bezogen auf die biblische Schöpfungsgeschichte können wir sagen: Wir wurden zuerst aus dem Paradies der tierischen Verhaltenssteuerung ohne gut und böse vertrieben und mussten dann vom Baum der Erkenntnis essen um zu lernen, wie man zusammen leben kann ohne dies genetisch einprogrammiert zu haben. Das Gute ist im Lichte dieser Problembeschreibung, was das Zusammenleben ermöglicht, eine Tugend, die aus der Not mangelnder Verhaltenssteuerung auf anderer Basis geboren ist. Aber mit dem Guten, so haben wir dies schon formuliert, entsteht auch das Böse. Regeln sind keine Naturgesetze, man kann gegen sie verstoßen und es muss Motive geben, gegen sie zu verstoßen, denn gäbe es kein Motiv dafür, bräuchte man auch keine Regeln.

Es gibt eine neuere und optimistischere Sichtweise, die nicht sosehr den Mangel und die Not des Menschen betont, sondern die sich daraus ergebenden, zusätzlichen Möglichkeiten. Die Technik kompensiert ja nicht nur die Mängel in der Organausstattung, sondern macht den Menschen überlebensfähiger als seine tierischen Konkurrenten (der Gegenangriff von resistenten Bakterien und Viren steht noch aus und damit auch der letzte Beweis für diese These). Ebenso kann auch in der Moral nicht nur eine Kompensation für mangelnde Instinktsteuerung gesehen werden, sondern eine Steigerung der Kooperationsfähigkeit und Organisationsfähigkeit, die für das Über- und Besserleben der Menschen von ebenso großer Bedeutung ist, wie die Entwicklung von Wissenschaft und Technik. Man könnte sogar sagen, dass deren Entstehung und Nutzung ohne diese Organisierbarkeit der Kooperation überhaupt nicht möglich wäre. Ohne verlässliche Kooperation ist die Entwicklung von Wissenschaft und Technik nicht denkbar und umgekehrt ermöglichen Wissenschaft und Technik wiederum höhere und komplexere Formen der Kooperation. Ein plötzlicher Stromausfall legt ja nicht nur die technischen Geräte lahm, sondern auch die Möglichkeit der Techniker, darüber zu kommunizieren, wenn sie nicht in Rufweite zusammen sind. Kurz: Wir kompensieren auch hier nicht nur einen Mangel, sondern entwickeln evolutionär eine Ordnung höheren Grades, die genetisch möglich und notwendig geworden, nicht aber durch sie festgelegt ist.

Haben wir damit die Moral, die Unterscheidung von gut und böse erklärt? Ja und nein. Nein, weil wir nicht wissen, wann und wo jene Menschen aufgetreten sind, die moralische Regeln aufgestellt haben, vom Baum der Erkenntnis gegessen und damit gut und böse unterschieden haben. Ja, weil wir sagen können, dass nur, weil diese Menschen dies getan haben und immer wieder tun, es die Menschen überhaupt gibt. Menschen, die als Gruppe diesen Schritt nicht gemacht haben, können nach dieser These gar nicht überlebt haben und wir können sie gar nicht studieren. Das Problem dabei ist darüber hinaus, dass wir nur als moralisch denkende Menschen über Moral nachdenken können, wir können nicht denken, wie man denkt, wenn man nicht so denkt, wie wir denken. Wir können den Apfel nicht wieder an den Baum hängen, wir können auch nicht mehr zurück ins Paradies. Nicht weil – wie es in der Bibel steht – »Cherubim mit dem flammenden, blitzenden Schwert« als Wache davor steht, sondern weil uns bislang der evolutionäre Rückwärtsgang versagt bleibt. Man kann nicht aus rationalen Gründen auf Rationalität verzichten oder vernünftigerweise auf die Vernunft.

Oftmals blicken wir neidisch auf Hund und Katz und die Art und Weise, wie diese ihr Mit- und Gegeneinander regeln. Aber dieser Blick ist einseitig, vermutlich machen wir uns mehr Gedanken über sie als sie über uns. Manchmal neigen wir auch dazu, das Verhalten der Tiere moralisch zu beurteilen und sprechen dann vom bösen Hund oder der unartigen Katze, den Tieren imponiert dies allerdings wenig und unser Verhalten hat etwas damit zu tun, rückblickend das Paradies von außen mit den neu erworbenen Maßstäben zu betrachten.

Die Moral von der Geschichte? Wir haben keine Wahl, wir brauchen mangels einer ausreichenden genetisch festgelegten Verhaltenssteuerung Regeln des Zusammenlebens, wir brauchen Moral und wir brauchen die Unterscheidung von gut und böse. Dies ist aber nicht nur ein evolutionärer Zwang, sondern auch eine evolutionäre Chance. Ob und wie wir sie nutzen wollen, können wir nur sagen, wenn wir sie mit den Alternativen vergleichen, aber das ist eine der inhaltliche Fragen, denen wir uns jetzt zuwenden wollen. Dass wir moralische Regeln brauchen ist die eine Sache; welche es sein sollten, eine andere

3   **Alle Kreter lügen. Wer einmal lügt, dem glaubt
man nicht, und wenn er auch die Wahrheit spricht**

Die Ordnung höheren Grades, die sich evolutionär ergeben hat
und von der gerade die Rede war, ist in erster Linie durch die Verwen-
dung von Symbolen gekennzeichnet. Wir reagieren nicht in erster Linie
auf Reize – vom bedrohlichen Knurren bis zu lieblichen Balzgesängen –
obwohl wir hier auch nicht schlecht sind und mehr mit Tieren gemein
haben, als uns so bewusst und lieb ist. Aber die Vielfalt unserer Formen
des Zusammenlebens, die Möglichkeiten, uns auf neue Bedingungen ein-
zustellen und vor allem das Erfinden von Neuem, wäre auf der Basis an-
geborener Reiz-Reaktionsschemata nicht möglich. Es ist also sinnvoll,
von menschlicher Kooperation als einer Kooperation »höherer« Ordnung
zu sprechen, ohne gleich in menschlichen Hochmut zu verfallen.

Diese Ordnung ist nur mit Hilfe der Sprache als Verständigungsmittel
möglich. Wir sprechen also miteinander und wir müssen Sprache auch
erst lernen. Es gibt viele Sprachen und welche wir benutzen, ist eigentlich egal, Hauptsache ist, dass die, die da miteinander reden, dieselbe
sprechen oder es jemanden gibt, der die eine Sprache in die andere
übersetzen kann. Sollten wir uns den Spaß erlauben, die Bedeutung der
Worte willkürlich zu ändern, wären wir mit unserer Verstän-
digungsfähigkeit bald am Ende. Viele Missverständnisse beruhen auf unterschiedlichen oder unklaren Wortbedeutungen, manchmal werden diese auch bewusst als Täuschungsmöglichkeit eingesetzt. Mit der Sprache
ist auch die Lüge in die Welt gekommen und damit auch das Problem der
Wahrheit. Auch Tiere können sich täuschen, sehen z. B. Dinge als be-
drohlich an, die es nicht sind oder erkennen Dinge nicht richtig, was zu
vielen drolligen Verhaltensweisen führt. Aber sie täuschen eben sich und
sich nicht gegenseitig, bei Menschen ist dies anders.

Die Probleme damit beginnen ganz harmlos. Die meist gestellte Frage zumindest bei uns ist: »Wie geht es Ihnen?« Abgesehen davon, dass man
sich für die Antwort nicht interessiert, ja im Gegenteil: jede ehrliche Antwort als aufdringlich empfunden wird, ist das Interessante daran, dass
hier die innere Befindlichkeit einer Person zur Debatte steht. Wie es mir
geht, weiß nur ich alleine, und es dürfte diese Befindlichkeit auch sein,
über die ein Mensch als Kind zuerst – und in der Regel ungefragt – Aus-
kunft gibt. Jedes Quengeln oder Schreien soll sagen: mir geht es schlecht,
und wenn das Kind merkt, dass sich jemand bemüht, dem abzuhelfen,
wird aus diesem Quengeln eine Sprache, in der es jemandem etwas mit-
teilt. Der Satz: »Quengel nicht so« ist nicht nur eine Antwort, sondern bedeutet auch, dass man das Unbehagen entweder nicht glaubt oder für
derzeitig unangebracht hält oder auch, dass man nicht gewillt ist, dem

Unbehagen abzuhelfen und es deshalb keinen Sinn hat, diesem Unbehagen quengelnd Ausdruck zu verleihen. Im Kern haben wir hier bereits ein Gespräch, das sich vom Verhalten Schnabel aufreißender und Schnabel stopfender Vögel unterscheidet. Der Unterschied liegt weniger im Gebrauch von Worten, die sich im Gegensatz zu genetisch festgelegten Auslösereizen ändern lassen, sondern darin, dass hier zwei Menschen ihre Bedürfnisse wechselseitig abstimmen, Ansprüche stellen und abweisen, aber auch sich wechselseitig verdächtigen, über ihr Wollen und Können zu täuschen oder ihre wechselseitigen Pflichten zu verletzen. Natürlich geht es hier um Angenehmes und Unangenehmes, Hunger und Schmerz sind nun mal unangenehm und wir erinnern uns an die Vertreibung aus dem Paradies. Es geht zugleich aber auch um gut und böse, denn man sollte sich um den anderen sorgen, vor allem um hungrige Kinder. Man soll aber umgekehrt auch keine unangemessene Forderungen stellen und wegen jedem kleinen Unbehagen andere mobilisieren.

Wir müssen hier nicht den komplizierten Weg verfolgen, wie aus dem Gequengel eines hungrigen Kindes und den Reaktionen seiner Eltern ein ganzes Regelwerk und Normengebäude entsteht, in dem die Beziehungen zwischen den Beteiligten gestaltet werden und an dem sich alle Beteiligten orientieren können. Man lernt sehr schnell, dass es gut ist, sich zunächst an die konkreten Erwartungen und später dann an die generalisierten Normen zu halten, und böse, davon abzuweichen. Gut, weil es das friedliche Zusammenleben ermöglicht, böse, weil es dies gefährdet. Wir wissen, dass verschiedene Gesellschaften unterschiedliche Normengebäude herausgebildet haben, ja dass es auch bei uns in jeder Familie damit etwas anders aussieht. Das ändert aber nichts daran, dass diese wechselseitigen Erwartungen für die Mitglieder der jeweiligen Gemeinschaften gelten und man sich nicht damit herausreden kann, dass anderswo andere Erwartungen gelten. Das Problem ist, dass diese Gebäude einerseits relativ in dem Sinne sind, dass sie nur für ihre Mitglieder verbindlich sind, dies aber andererseits mit absoluter Geltung. Dies ist zumindest eine weitverbreitete Ansicht, und wir werden noch darauf zurückkommen. Vielleicht gibt es aber auch etwas, was all diesen unterschiedlichen Kulturen so gemeinsam ist, wie die Sprache bzw. das Sprechen im Sinne von Kommunikation als solcher, das alle Menschen gemeinsam haben.

Alle Kreter lügen, sagt der Kreter und schon wissen wir nicht, woran wir sind. Dieses seit der Antike beliebte Paradox verdeutlicht, dass Sprache und Wahrheit unmittelbar zusammen hängen. Würden wir uns prinzipiell belügen, hätte die Kommunikation keinen Sinn, Kinder würden vermutlich das Sprechen gar nicht lernen, da damit kein Handlungserfolg zu erzielen ist. Dass man nicht lügen darf, lernen wir recht bald, und viele Geschichten, Fabeln und andere pädagogische Geschichten machen uns auf das Böse beim Lügen aufmerksam. Sprache und Wahrheit hängen also unmittelbar zusammen, das eine gibt es nicht ohne das andere, und wenn Sprache eine universelle Bedingung menschlicher Existenz ist, dann ist es die Idee der Wahrheit ebenfalls. Die Lüge gehört als Möglichkeit natürlich dazu, wie das Böse zum Guten. Wahrheit ist kein Naturgesetz, sondern eine Norm für das über Sprache koordinierte überlebenswichtige Zusammenleben, und Normen kann man im Gegensatz zu Naturgesetzen verletzen. Die Lüge kann aber nur als Ausnahme überleben und einen Vorteil erbringen. »Wenn das alle täten...«, eine der meist benutzten moralischen Argumente, macht dies deutlich. Der Lügner weiß, dass Lügen dann keinen Sinn mehr machen würde, er weiß deshalb aber auch, dass es eben nicht alle tun und verspricht sich genau deshalb auch einen Vorteil für sich, wenn er lügt.

Die Idee der Wahrheit oder das Lügenverbot ist deshalb auch allen Kulturen gemeinsam, und es lohnt sich danach zu fragen, ob nicht noch andere Normen damit verbunden sind.

Ob nun Lüge oder nicht, geht man davon aus, dass Sprache der Verständigung zwischen kooperierenden Menschen dient, dann ist es der Kooperation sicherlich dienlich, wenn möglichst viel und auch möglichst viele zur Sprache kommen. Wer oder was nicht zur Sprache kommt, kann nicht berücksichtigt werden, und das ist allemal eine Beschränkung dessen, was möglich ist, auch wenn nicht alles, was möglich ist, vernünftig ist. Aber wissen sollte man schon, was alles möglich ist. Etwas bewusst nicht zu tun, ist etwas anderes, als etwas nicht zu tun, weil man es nicht kennt. Auch der Wahrheit als Leitidee jeder Sprache ist gedient, wenn möglichst viele Informationen und Argumente vorgebracht werden. Wenn Sprache eine evolutionär höhere Stufe der Organisation ermöglicht, die ein besseres Überleben sichert, wie dies die Evolutionstheorie impliziert, dann ist dieser Funktion um so mehr gedient, je mehr dieses Wahrheitspotential auch ausgenutzt wird. Wer dieses Potential beschränkt, indem er die Informations- und Redefreiheit beschränkt, damit vielleicht seine Handlungsmöglichkeiten auf Kosten anderer ausdehnt, schränkt zugleich das Handlungspotential des Kooperationszusammenhanges insgesamt ein. Diktaturen und Diktatoren bilden sich zwar meist ein, alles zu wissen bzw. alles besser zu wissen, sie sind aber meistens eher dumm, und demokratische Gesellschaften haben bislang eine höhere Flexibilität und ein höheres Entwicklungspotential bewiesen als Gesellschaften unter der Herrschaft von Besser- und Alleswissern.

Informations- und Redefreiheit sind nicht nur in dem Sinne positiv, wie sie der Wahrheit unseres Bildes von der äußeren Realität, z. B. der Natur, dienen. Als wir über das Quengeln eines Kindes gesprochen haben, ging es um die Wahrheit über die eigenen Gefühle, die Befindlichkeiten und Interessen. Menschen sind nicht nur Informationen austauschende Computer, sondern – wie man so schön sagt – Menschen aus Fleisch und Blut. Sie informieren sich deshalb auch nicht nur über die äußere Realität, sondern auch darüber, was sie wollen, wie es ihnen geht und was sie von den anderen erwarten. Dies hatten wir ja als einen Kernpunkt der Vertreibung aus dem Paradies betrachtet, dass wir uns nun über Dinge unterhalten und einigen müssen, die für die anderen Lebewesen gar nicht zur Debatte stehen. Kommunikationen haben deshalb meist einen Sachaspekt und einen Beziehungsaspekt. Für beide gilt gleichermaßen, dass die Kommunikation möglichst wenig eingeschränkt werden sollte, wenn Sprache ihre lebenssichernde Funktion erfüllen soll.

Nun kann man zu Recht einwenden, dass das Leben nicht nur aus Reden besteht und wenn immer alle alles sagen, wird mehr Chaos produziert als sinnvoll koordiniert. Auch kann zu Recht eingewandt werden, dass alle Gesellschaften oder Gemeinschaften Einschränkungen der Kommunikation vornehmen und einzelne Themen, einzelne Personen oder Gruppen aus der politischen, wissenschaftlichen oder anderen Kommunikationen ausschließen, ohne gleich zugrunde zu gehen. Diktaturen leben eben doch ziemlich lang und scheitern nicht immer nur technisch an der Dummheit der Besserwisser, sondern auch politisch am demokratischen Widerstand derer, die ihr Recht einklagen, ihre Interessen und Sicht der Dinge zur Geltung zu bringen.
Dies ist so richtig, wie dass der Tag nur 24 Stunden hat, dass man Prioritäten setzen muss, dass immer gelogen wird und auch gegen andere Regeln immer wieder verstoßen wird, mal mehr, mal weniger. Ebenso richtig ist aber auch, dass es eben nicht nur alles oder nichts gibt, sondern immer auch ein Mehr oder Weniger und dass das Mehr besser ist als das Weniger. Immer wenn sich bislang unterdrückte Interessen, Motive und Informationen zu Wort melden und dies auch mit praktischem Nachdruck versehen, beziehen sie sich auf jene Idee der Wahrheit, die mit der Sprache existenziell verbunden ist und auf die wir nach der Vertreibung aus dem Paradies angewiesen bleiben. Wahrheit ist dabei nicht nur im Sinne von wissenschaftlichen Aussagen oder dem Gegenteil von Lüge zu verstehen, sondern auch im Sinn eines wahren Konsenses, der deshalb wahr oder echt ist, weil alle gehört wurden und alle diesen Konsens teilen. Sprache lebt nicht nur von der Idee der Wahrheit, sondern auch von der Idee des Konsenses. Die Alternative zum Konsens ist die Ausübung von Gewalt, und Gewalt braucht keine Sprache und keine Moral.

Wenn es um Argumente und Informationen geht, darf es eigentlich auch keine Rolle spielen, welches Geschlecht, welche Hautfarbe oder Nationalität der oder die Sprechende hat. Mit der Sprache ist also auch eine Idee der Gleichheit und Freiheit verbunden. Dies gilt nicht nur für den Bereich wissenschaftlicher Diskussion und seinen Wahrheitsbegriff, sondern auch für die Diskussion über die Qualität unseres Zusammenlebens, also die politischen Fragen. Die mit der Sprache verbundene Idee der Gleichheit ist unteilbar. Wer behauptet, dass Frauen oder Farbige weniger Rechte haben sollten, muss dies entweder »sprachlos«, d. h. mit Gewalt durchsetzen, also auf Sprache verzichten, oder er muss es begründen, also darüber sprechen. Im zweiten Fall, müssen dann aber wieder alle Beteiligten und Betroffenen mitreden dürfen, müssen also alle gleich behandelt werden, sonst fällt man wieder auf die erste Gewaltlösung zurück. Natürlich muss eine solche Behauptung überhaupt in Frage gestellt werden, damit darüber geredet werden muss, und dies ist natürlich nicht immer der Fall, und wo kein Kläger, da auch kein Richter, aber das ist auch wieder ein anderes Thema.

Wenn die Idee der Wahrheit und des Konsenses mit der Idee der Gleichheit verbunden ist, so muss zugleich davor gewarnt werden, diese Gleichheit moralisch auf alle Bereiche auszudehnen. Wie es das Böse nur zusammen mit dem Guten gibt, hat die Idee der Gleichheit nur einen Sinn, weil die Menschen eben nicht gleich sind. Frau und Mann sind verschieden, auch dick und dünn, alt und jung und – da wird es dann schon brenzlig: arm und reich, faul und fleißig oder auch klug und dumm. Aber sie sind eben alle Menschen und müssen miteinander reden und als solche sind sie eben alle gleich. Wir müssen diese Gleichheit moralisch aber nur deshalb überhaupt begründen und einklagen, weil sie in anderen Bereichen und unter anderen Aspekten eben ungleich sind. Gleichberechtigt reden wir über unsere Ungleichheiten.

Die Moral von der Geschichte? Wenn ein Kreter behauptet, alle Kreter lügen, dann ist das ebenso unsinnig, wie wenn jemand ankündigt, vollkommen gleichberechtigt über die Ungleichberechtigung zu verhandeln oder behauptet, er könne gut begründen, dass es so etwas wie eine gute Begründung gar nicht geben kann. In all diesen Fällen beweist man mit der Behauptung das Gegenteil von dem, was man behauptet. Mit der Notwendigkeit, das Zusammenleben über Sprache zu regeln, eine Folge der Vertreibung aus dem Paradies, haben wir einige zentrale Regeln des Zusammenlebens schon mit aufgenommen, die man nur dann bestreiten kann, wenn man auf die Sprache und damit auf Begründung verzichtet. Aber es geht nicht um alles oder nichts, sondern sicherlich zunächst um ein Mindestmaß, ohne das Menschen nicht zusammen leben und damit überhaupt leben können, und ansonsten über ein Mehr oder Weniger von Dingen, die zur Sprache kommen können, und damit auch von gut und böse.

4   Was du nicht willst, dass man dir tu, das füg auch keinem andern zu. Wie du mir, so ich dir!

Die Normen, die wir zumindest als Idee mit der Sprache zusammen übernommen haben, sagen leider noch nichts darüber aus, nach welchen Regeln wir unser konkretes soziales Zusammenleben gestalten sollen und wie wir uns im Einzelfall richtig, d. h. gut und nicht böse, verhalten sollen. Es sind eigentlich allgemeine Normen, die nur regeln, wie wir uns über die konkreten Normen, die Inhalte unseres gemeinsamen Lebens, unterhalten sollen. Wenn sich alle an die konkreten Regeln und Normen halten sollen, dann ist zudem ein diesbezüglicher Konsens notwendig. Eine nur mit Gewalt erzwungene Übereinstimmung oder Normenkonformität ist zwar praktisch an der Tagesordnung, widerspricht aber den grundlegenden Normen sprachlicher Koordination menschlichen Handelns, ist also in unserem Sinne böse.

Wenn unsere konkreten Regeln nun nicht vom Himmel fallen (oder etwas vorsichtiger auf Tafeln herabgereicht werden) oder zumindest nicht jeder dazu gezwungen oder von jedem verlangt werden kann, an diese zu glauben und sie als verbindlich anzuerkennen, müssen wir uns über sie einigen. Im Unterschied zu den grundlegenden Normen sprachlicher Kommunikation, sind die konkreten Normen eine Angelegenheit der bloßen Einigung zwischen den Beteiligten und damit bloße Konvention.
Wir müssen also beide Ebenen deutlich unterscheiden. Auf einer prinzipiellen Ebene gibt es Regeln, ohne die eine Verständigung überhaupt nicht möglich ist, die also prinzipiell gelten, die man – wie oben schon gezeigt – selbst dann noch befolgt werden, wenn man sie infrage stellt. Hier kann es auch keinen Kompromiss geben oder eine demokratische Abstimmung nach dem Mehrheitsprinzip. Auf der zweiten Ebene geht es um Regeln und Entscheidungen, über die man sich konkret einigen muss, die man auch wieder ändern kann, wenn sie sich nicht bewähren oder sich die Interessen oder Mehrheiten geändert haben.

Wir können die Regeln der ersten Ebene auch die erster Ordnung nennen und die der anderen Ebene eben die zweiter Ordnung. Bei den Verkehrsregeln ist dies am deutlichsten. Sie können praktisch oder unpraktisch sein, sie können die Sicherheit mehr betonen als die Schnelligkeit, sie können einzelne Teilnehmergruppen gegenüber anderen bevorzugen, sie können auch bloße Festlegungen sein, wie bei »rechts vor links«. Wenn man sich einmal über sie geeinigt hat, dann gelten sie unbedingt für alle in gleicher Weise, ansonsten würden sie ihre Funktion verlieren. Die Diskussion und Einigung über diese Verkehrsregeln müssen dagegen nach den Regeln erster Ordnung stattfinden, wenn die Einigung allgemeine Anerkennung und Beachtungen finden soll. Die Einhaltung der

Regeln erster Ordnung sichert also die Legitimität und damit die Anerkennung der Entscheidung zweiter Ordnung und damit auch die Chance ihrer Geltung und Befolgung.

Soweit so gut. Jeder Einzelne von uns ist nun aber in der Situation, seine eigenen Vorstellungen in die Diskussion über die konkreten Normen einzubringen und muss sich fragen, was er für Normen vorschlagen will und von welchen er annehmen kann, dass die anderen sie auch akzeptieren. Der Vorschlag, sich in allen Fragen des Lebens an den Koran zu halten, dürfte zwar im Interesse aller Moslems liegen, von den Angehörigen anderer Religionsgemeinschaften aber nicht akzeptiert werden. Nun kann man dies zur Frage einer Mehrheitsentscheidung machen, aber auch dieses Verfahren muss von allen Beteiligten akzeptiert werden. Mehrheitsentscheidung ist keine Norm erster Ordnung, weil sie den Abbruch einer Diskussion bedeutet und nicht diese selbst. Aus diesem Grunde haben manche Radikaldemokraten auch die Mehrheitsentscheidung abgelehnt und eine Konsenspflicht vorgeschlagen, also Diskussion bis zum Abwinken. Man kann sich und hat sich auf das Verfahren der Mehrheitsentscheidung geeinigt, allerdings nur unter der Bedingung, dass die Normen erster Ordnung dadurch nicht abgeschafft werden dürfen. Eine Religion gegenüber anderen zu privilegieren würde aber gegen das Gleichheitsgebot erster Ordnung verstoßen, also wird man keine der möglichen religiös begründeten Normen allgemeinverbindlich machen können, wenn es hierin keinen Konsens gibt. Man wird dies realistischer Weise gar nicht vorschlagen, man wird es sogar streng genommen nicht vorschlagen dürfen, weil man damit gegen die Normen erster Ordnung verstößt.

Man wird sich also nur auf Normen einigen, die religiös neutral sind. Dies hindert niemanden daran, seiner Religion zu folgen, aber auch dies nur soweit, wie die Religionsausübung anderer nicht behindert wird. Niemand wird z. B. dazu gezwungen, Schweinefleisch zu essen oder eine Abtreibung vorzunehmen, es ist aber auch nicht verboten. Normen, die möglichst viele individuelle Lebensweisen ermöglichen, sind natürlich entsprechend allgemein und abstrakt und drücken ein geringes Maß an Gemeinsamkeit aus. Moderne Gesellschaften sind in den letzten Zeiten diesen Weg gegangen, und dies wird von vielen als Werteverlust beklagt, eine Frage, die uns noch beschäftigen wird.

Eine solche abstrakte Regel lautet: Was du nicht willst, dass man dir tu, das füg auch keinem anderen zu. Dies wird in der ethischen Literatur als die goldene Regel bezeichnet, die sich fast in allen Kulturen findet, auch in der Bibel (in der sich ohnehin fast alles finden lässt). Meist hat sie die Rolle eines moralischen Nothelfers für alle Zweifelsfälle gespielt, in denen keine konkrete Norm zur Verfügung stand oder deren Interpretation schwierig war. Seit sich dieser Zustand ausgeweitet hat, weil die Religionen und Traditionen an Verbindlichkeit eingebüßt haben, ist der ehemalige Notfall zum Regelfall geworden. Die goldene Regel hat in der Version des kategorischen Imperativs von Kant die höchsten philosophischen Weihen und einen hohen Bekanntheitsgrad erhalten, in einer Zeit (vor etwas mehr als 200 Jahren), als zumindest die Philosophie die alten moralischen Autoritäten entmachtet hatte und das von diesen dogmatisch Behauptete infrage stellte und damit wieder zur Sprache brachte.

Die Version »Wie du mir, so ich dir« hat dagegen einen eher drohenden Charakter. Wir sagen dies meist, nachdem (natürlich immer aus Schuld des anderen) ein Einigungsversuch gescheitert ist. Aber auch hier wird noch die Regel deutlich, dass man sich nicht von aller moralischen Verantwortung frei machen darf, sondern härtere Bandagen nur in dem Ausmaß benutzen kann, wie sie der oder die jeweils andere im Konflikt vorgegeben hat. Die Tür für die Verhandlungen bleibt offen, die Bühne des möglichen Konsenses wird nicht verlassen, aber es ist doch deutlich die resignative Variante des »Was du nicht willst...« bzw. des kategorischen Imperativs.

Die Moral von der Geschichte? Die konkreten Regeln des Zusammenlebens sind Konvention. Sollen diese auf Konsens beruhen, müssen wir uns darüber nach den Regeln erster Ordnung verständigen. Dieser Konsens wird sich nur auf solche Normen beziehen können, auf die wir uns bei all unseren unterschiedlichen Vorstellungen, wie wir unser Leben gestalten wollen, so einigen können, dass diese Vielfalt auch möglich ist und sich nicht gegenseitig behindert. Die eigenen Rechte haben immer ihre Grenzen in den Rechten der anderen. Wenn sich alle danach richten würden, wäre schon viel gewonnen. Für die Frage nach den Inhalten dieser konkreten Normen ist aber noch nichts gewonnen, die goldene Regel sagt nichts über Inhalte, sagt nicht konkret, was gut und böse ist, sondern nur, dass das Böse ist, was ich anderen gegenüber tue, obwohl ich nicht will, dass mir der oder ein anderer dies antut und ich es deshalb auch dem anderen nicht antun dürfte. Das klingt kompliziert, und so richtig froh wird man darüber auch noch nicht. Konsens bedeutet nur Frieden anstelle von Krieg und Gewalt, aber Frieden ist auf diese Weise nur negativ definiert.

5   **Wo kein Kläger, da kein Richter**

Obwohl die goldene Regel so schlicht und wenig originell daher kommt, ist ihr Gebrauch keineswegs ohne Tücken. Zunächst einmal wenden wir sie keineswegs permanent an. Wir hätten viel zu tun, wenn wir vor jeder Handlung die Frage stellen würden, ob wir wollten, dass andere sich uns gegenüber auch so verhalten würden. Auch ist unser obiger Satz, dass wir ja selbst an der Diskussion über die Normen zweiter Ordnung teilnehmen und nicht nur diese Normen befolgen, etwas abstrakt und realitätsfern: Wer fragt uns eigentlich? Sind nicht wir es, die uns anpassen und die anderen, die darauf achten?

Das Wälzen moralischer Probleme ist die Ausnahme, Gott sei Dank, und findet immer dann statt, wenn neue Probleme auftauchen, unsere Routinen versagen oder wir kritisiert werden und uns zur Wehr setzen müssen. Manchen passiert dies häufiger als anderen, wir sollten aber nicht vergessen, dass man selbst durchaus zu den Angreifern gehört und in Auseinandersetzung mit seinen lieben Mitmenschen durchaus moralische Ansprüche an diese stellt und diese vor den (eigenen) moralischen Richter zerrt. Es muss also ein Kläger da sein, damit wir mit uns moralisch zu Rate gehen und Urteile fällen und wenn selbst die Normen erster Ordnung nicht immer eingehalten werden – demokratische Verfahren und die Einhaltung der Menschenrechte sind welthistorisch bislang die Ausnahme –, so nicht zuletzt, weil sie zu wenig eingeklagt werden.

Die eigentliche Tücke aber der Anwendung der goldenen Regel soll an einem Beispiel verdeutlicht werden: Eltern verbieten ihrem Kind, eine bestimmte Fernsehsendung zu sehen und werden nun von diesem gefragt, ob sie denn wollten, dass das Kind – oder ein beliebiger anderer – ihnen dasselbe verbieten würde. Die Antwort haben wir oft gehört und noch öfter selbst gegeben: »Das ist was ganz anderes!« Was ist daran anders? Du bist das Kind und wir sind die Eltern, und das kann man nicht umdrehen, unter Erwachsenen würden wir wechselseitig solche Verbote natürlich nicht akzeptieren. Diese Antwort leuchtet vielleicht ein, aber wie steht es damit, wenn es nicht um einen Konflikt zwischen Kindern und Eltern geht, sondern um Mann und Frau, um Ausländer und Inländer, um Vorgesetzte und Untergebene, die Beispiele ließen sich verlängern. Das Problem bei der goldenen Regel ist, dass der andere meist eben anders ist und dass man die Verhaltensweisen deshalb nicht vergleichen kann oder will. Irgendwie sind die Menschen immer unterschiedlich und unvergleichbar. Bricht deshalb die goldene Regel in sich zusammen? In der Tat wenden wir sie sehr viel weniger an, als dies ihre Trivialität vermuten lässt, und zwar nicht nur, weil wir vieles nur aus Gewohnheit tun, sondern auch genau deshalb, weil wir viele Menschen als zu anders ansehen, als dass wir unser Verhältnis so symmetrisch auffassen, dass wir unsere wechselseitigen Verhaltensweisen an den gleichen Maßstäben messen.

Die goldene Regel setzt also voraus, dass die, die darin die anderen sind, auch gleich mit uns sind oder als Gleiche behandelt werden können und sollen. Die Normen erster Ordnung sehen diese Gleichbehandlung ja generell vor, auch wenn sie nicht konsequent eingeklagt und realisiert werden. Die Anwendung der goldenen Regel zwingt uns also, von den Unterschieden zwischen den Menschen soweit abzusehen, dass wir uns wechselseitig als gleich und gleichberechtigt empfinden können. Bei dem Unterschied von Mann und Frau haben wir uns schon halbwegs (aber eben auch nur halbwegs) daran gewöhnt, von den traditionellen Rollen zu abstrahieren, auch wenn es den Männern (und auch einigen Frauen) noch schwer fällt. Bei der Religionszugehörigkeit schien das Problem schon weitgehend erledigt (wir wissen meist gar nicht, was der andere glaubt), es scheint hier aber angesichts wachsender Bedeutung fundamentalistischer Denkweisen ein gewisser Rückschritt erkennbar zu werden. Bei Kindern ist das Problem schon größer und verweist auf das Problem der Mündigkeit als Voraussetzung für moralische Autonomie, dem wir einen eigenen Abschnitt widmen werden.

Haben wir das Problem bestimmter Ungleichheiten zumindest kopfmäßig im Griff, so sollten wir uns doch klar machen, wie schwierig dies im alltäglichen Leben ist. Meist geht es dabei ja nicht um klassische moralische Probleme, wie die, wann man lügen darf, obwohl es doch verboten ist (wir kommen noch darauf zurück), sondern um die täglichen Streitigkeiten und wechselseitigen Zuschreibungen des Bösen, wenn auch in der abgemilderten Fassung alltäglicher Urteile wie: Der oder die ist fies, die ist gemein oder zumindest blöd und unsympathisch. Dabei geht es auch meist nicht um Verbrechen oder Ähnliches, sondern darum, dass das Verhalten des anderen moralisch bewertet wird und sich die eigenen Reaktionen nach diesem Urteil richten (wie du mir, so ich dir).

Das Problem dabei wird dadurch deutlich, dass die andere Seite genauso denkt und dieselben Urteile fällt. In solchen Fällen greift man am besten zur Rolle des unparteiischen Dritten, dessen Unparteilichkeit darin besteht, dass er beide Seiten als gleich betrachtet. Im günstigsten Fall fällt er ein Urteil, das beide Seiten nicht nur nolens volens akzeptieren (weil man sonst noch größere Schwierigkeiten bekommt), sondern auch in dem Sinne akzeptieren, dass sie es für richtig halten, auch wenn sie nicht oder nicht nur Recht bekommen haben. In diesem günstigsten Fall ist es dem unparteiischen Richter gelungen, Normen anzuwenden, die beide Seiten akzeptieren und auf den Streitfall anwenden.

Nun geht das Wenigste vor den Richter, aber die Anwendung der goldenen Regel legt uns die Pflicht auf, bei der Überprüfung unserer Handlungen selbst so zu verfahren, wie es ein Richter täte. Das bedeutet konkret, dass wir uns in die Sichtweise des anderen so weit hinein versetzen, wie es eine unparteiische Position machen würde, um zu sehen, wie aus dieser Sicht die eigenen Verhaltensweisen aufgefasst werden müssen oder können. Man muss sich mit den Augen des anderen sehen lernen, quasi von außen also, um das andere am anderen zu verstehen und damit auch das Gleiche am anderen zu erkennen.

Wir müssen dies übrigens nicht extra lernen, denn wir können es schon. Interaktionen zwischen Menschen, also Leben in der höheren Ordnung nach der Vertreibung aus dem Paradies, setzt voraus, dass wir die Reaktionen des anderen auf unsere Aktionen kalkulieren können, sonst hätten sie keinen Sinn. Und dies setzt voraus, dass ich ein Bild davon habe, wie der jeweils andere mich sieht und auf mich reagiert. Wir sind auf diese Fähigkeit immer angewiesen, wenden sie interessanter Weise oft dann nicht an, wenn uns diese Sichtweise des anderen daran hindern würde, das zu tun, was wir gerade tun wollen.

Bei einem Spiel fällt dies relativ leicht, auch wenn wir ungern verlieren und viele auch schlechte Verlierer sind. Aber die Regeln des Spiels sind klar, jeder weiß, was der andere will und wie man wechselseitig aufeinander reagiert. Ein Boxer wirft dem anderen nicht vor, dass er ihn k.o. schlagen will, das ist eben so ausgemacht. Aber Spiele sind kleine künstliche soziale Welten, und wie man an den Hooligans sehen kann (oder auch an den schlechten Verlierern), lassen sie sich nicht immer von der allgemeinen Welt trennen. Um so schwerer fällt die Einfühlung in den anderen aber im alltäglichen Leben. Den anderen mit seinen Interessen, Sichtweisen und Positionen zu akzeptieren und als gleichberechtigt zu betrachten, um die goldene Regel anzuwenden, ist schwerer, als dies der nüchterne Wortlaut der Regel vermuten lässt. Schwer ist es auch, zu akzeptieren, dass aus der anderen Sichtweise heraus die eigenen Verhaltensweisen als moralisch fragwürdig erscheinen können. Es ist dann die Aufgabe, diese Sichtweisen aufeinander abzustimmen und selbstkritisch die eigene Position zu überprüfen und man erhält eine Ahnung von Tiefe und Reichweite moralischer Probleme unterhalb all jener unproblematischen Regeln und Gebote, die uns längst in Fleisch und Blut gegangen sind.

*Die Moral von der Geschichte? Die goldene Regel, so einleuchtend sie ist, verlangt von uns, die anderen in ihrem Anderssein zu akzeptieren und das Gleiche im Sinne von Gleichberechtigung zwischen uns zu erkennen, damit sich Ungleiches unter gleichen moralischen Bedingungen entwickeln kann. Der Satz: »das ist was ganz anderes« muss selbst begründet werden und vom anderen akzeptiert werden können, und das setzt wieder einen Konsens darüber voraus, was anders sein **kann** und was gleich sein **muss**.*

B VOM VERBINDLICHEN DES VERBINDENDEN

1 Vom Gleichen und Gemeinsamen. Warum alles doch viel einfacher und zugleich schwieriger ist

Untersucht man moralische Probleme, dann überkommt einen oft ein widersprüchliches Gefühl. Einerseits ist doch alles viel einfacher, als es die komplizierten Überlegungen einem weismachen wollen. Wir wissen doch, dass wir nicht lügen, stehlen, töten usw. dürfen, wir halten uns im Wesentlichen auch daran und wir wissen, wenn dies die meisten nicht auch meistens täten, würden wir im Chaos versinken. Und vor allem: Meistens wollen wir auch gar nicht lügen oder stehlen, vom Töten einmal ganz abgesehen, und die, die es tun, wissen doch auch, dass sie es nicht hätten tun dürfen, sonst würden sie es nicht verheimlichen oder leugnen.

Andererseits kann man sich bei der nüchternen Analyse moralischer Probleme den Eindruck nicht verkneifen, dass die Begründung von Moral soviel Rationalität und Einsichtsfähigkeit voraussetzt, dass eine moralisch funktionierende Welt eigentlich unrealistisch ist (wobei alle Pessimisten oder Realisten beifällig nicken). Dieser Eindruck verstärkt sich, wenn man bedenkt, wie viele Bücher über Ethik und Moral geschrieben wurden und wahrscheinlich noch geschrieben werden, wie viele kluge (und weniger kluge) Menschen sich darüber den Kopf zerbrochen und bis heute noch keinen durchgängigen Konsens gefunden haben.

Wie so oft, sind beide Eindrücke richtig und berechtigt, aber fangen wir mit der guten Nachricht an, der, warum es eigentlich alles gar nicht so kompliziert ist.

Bei der Begründung von Moral tun wir ja immer so, als würden die Menschen sich erstmalig zusammensetzen und sich überlegen, wie sie nun – nach der Vertreibung aus dem Paradies – zusammenleben wollen. Dem ist natürlich nicht so. Wer immer sich mit Moral beschäftigt, hat so ein paar Jährchen auf dem Buckel, in denen er sozialisiert wurde und damit schon ein moralisch denkender Mensch geworden ist. Er ist in eine Gemeinschaft, mal größer, mal kleiner, hinein gewachsen, in der es schon Normen und Werte gibt und er hat sich nur zu einem denkenden Wesen entwickeln können, weil er in dieser Gemeinschaft seine Persönlichkeit entwickeln konnte, und es gibt ja auch immer wieder Beispiele dafür, dass dies mehr oder weniger auch misslingen kann.

Niemand und auch keine Generation fängt von vorne an, sondern die moralischen Überlegungen setzen nur dort ein, wo die eingelebte Moral zum Problem geworden ist. Schon dass man dann nach dem Warum und Wie

fragt, weist auf die sprachliche und begründungspflichtige Basis des Zusammenlebens hin, ein Prozess, der bei Tieren so wahrscheinlich un-
denkbar ist. Im Prinzip könnte man, aber man will meistens nicht, alles
Bisherige in Frage stellen und zumindest so tun, als würde man von vorne anfangen und die meisten Bücher über Moral tun dies auch. Was sie
meist übersehen, ist, dass denkende Menschen nicht von sich selbst abstrahieren können. Man kann schlecht sagen: Gehen wir mal davon aus,
es gäbe mich nicht oder ich wäre nicht der, der ich bin. Man kann natürlich von vielen Merkmalen absehen, zumal von solchen, die man auch
praktisch ändern kann, also z.B. von Besitz oder erworbenen Fähigkeiten. Aber von dem, was übrig bleibt, wenn man unter Absehung aller dieser Merkmale »Ich« zu sich sagt, davon kann man nicht abstrahieren. Dieses Ich ist aber ein Gewordenes, bereits ein Produkt von bestimmten Lebensumständen, Sozialisation und Erziehung, die immer eine in einer konkreten Gemeinschaft ist und damit immer schon in einer
moralischen Gemeinschaft und damit immer schon eine moralische.
Ohne diese Sozialisation, ohne dieses Ich wären wir ein unprogrammier-
ter Computer. Auch wenn man sich beim Sehen zusehen kann, setzt dieses Zusehen ein Auge voraus, das sich selbst nicht sehen kann. Das ist
der blinde Fleck und das klingt ziemlich kompliziert, ist aber nichts anderes als die komplizierte Begründung, warum alles gar nicht so kompliziert ist: Wir denken und fühlen schon immer moralisch, bevor wir uns
über Moral den Kopf zerbrechen.
Bei der Begründung der Normen erster Ordnung tun wir im Wesentlichen nichts anderes, als uns zu vergegenwärtigen, welche Regeln wir befolgen oder bei anderen einklagen, wenn wir sprechen, begründen und
diskutieren. Wir können dies nur, weil wir es schon immer können, weil
wir sozusagen schon programmiert sind. Wir haben das Programm, wir
müssen es nur noch lesen und verstehen, das ist der Kern des Apfels vom
Baum der Erkenntnis und die Strafe ist, dass wir es anwenden müssen.

Nun zur schlechten Nachricht. Wir lernen in der Sozialisation nicht nur
die Normen erster Ordnung, sondern auch die der zweiten Ordnung, die,
die wir Konventionen genannt haben. Diese können sich im Laufe der
Zeit verändern und sie können durch uns auch aktiv verändert werden.
Wir unterscheiden beide Ebenen nicht im täglichen Leben, wenden aber
die erster Ordnung immer an, wenn wir über die der zweiten Ordnung
reden. Die gute Nachricht war ja, dass wir gar nicht immer über alles reden, sondern das meiste uns in Fleisch und Blut übergegangen ist, es gehört zu unserer Identität, die wir teils nicht infrage stellen können und
zu einem anderen Teil nicht wollen.
Was die Konventionen anbelangt, auch wenn wir sie gar nicht als solche
empfinden, sondern sie eher als ganz natürliche Wünsche und Motive interpretieren, so unterscheiden diese sich von Kultur zu Kultur, von Familie zu Familie und in gewisser Weise sogar von Mensch zu Mensch. Wir

können deshalb auch nicht mit jedem gleich gut, es ist ja schon schwierig genug, einen geeigneten Lebens- oder zumindest Lebensabschnittspartner zu finden. Schwierig ist auch der Umgang mit Angehörigen anderer Schichten oder Milieus unserer Kultur oder Gesellschaft und erst recht der Umgang mit Angehörigen anderer Kulturen, den Fremden. Nun war dies für die meisten Menschen bislang in der Geschichte kein großes Problem, ihr Umgang beschränkte sich auf den sozialen Nahbereich; und das Andere, das Fremde kam als exotische Ausnahme in den eigenen Horizont, mal als harmlose Unterhaltung und mal als Gefahr, die es abzuwehren galt. Manchmal schien es auch von innen zu kommen und wanderte auf den exorzistischen Scheiterhaufen.

Dies hat sich grundlegend geändert. Was wir heute als Globalisierung bezeichnen, sich aber als durchgängige Tendenz zumindest seit 300 Jahren entwickelt, bedeutet, dass die Menschen direkt und mehr noch indirekt mit immer mehr fremden Menschen zu tun haben. Parallel dazu wurden die Gemeinschaften, konkret die Verwandtschaftsverbände, später die Familien, in denen man noch die größten Gemeinsamkeiten vermuten kann, immer kleiner und teilweise auch flüchtiger, d. h. die Zugehörigkeit zu einer Familie prägt nicht mehr das ganze Leben. Damit schwindet aber auch die verpflichtende Kraft der Tradition, die Konventionen werden immer mehr als das durchschaubarer, was sie sind: bloße Konventionen.

Andere Länder andere Sitten, das wusste man schon immer, nur: Wer fuhr früher schon in fremde Länder? Heute wohnt der Mensch aus einem fremden Land gleich nebenan, und wer im Urlaub oder beruflich in die Ferne schweift, braucht nicht nur ein Fremdwörterlexikon, sondern auch ein Morallexikon. Die Welt wird zum moralischen Selbstbedienungsladen. Wer mehr und leichter Sex will, fliegt nach Thailand, wem die deutschen Frauen zu emanzipiert sind, bringt sich gleich eine Frau von dort mit oder bestellt sie beim Partnerversandhandel. Wem der Sozialstaat zu viel Steuern abverlangt, sucht die Steueroasen auf, und auch ansonsten bietet die Vielfalt der kulturellen und politischen Weltkarte für jeden etwas. Das ist natürlich übertrieben und betont vor allem die negativen Seiten. Es gibt auch positive: Die individuelle Autonomie wächst, wir müssen nicht mehr so werden und sein wie unsere Eltern, wir können unsere Milieus verlassen. Aufklärung und individuelle Emanzipation sind die positiven Seiten dieser Entwicklung.

Entsprechend kontrovers ist die Einschätzung dieser Entwicklung. Was für die einen Emanzipation bedeutet, das Recht des Einzelnen, nicht nur Resultat seiner Erziehung zu sein, geborenes Mitglied einer sinnstiftenden Wertegemeinschaft, sondern aktiver und rationaler Gestalter seines Lebens und des Lebens mit anderen, ist für die Gegenseite der Verfall und Verlust der Werte, der Gemeinschaft und der damit verbundenen Solidarität.

Eine weitere schlechte Nachricht sei hier schon mal vorsorglich ange-
kündigt: Gleichberechtigung und wechselseitige Freiheitsgarantien sind
eine schöne Sache und stiften Frieden. Schöner ist es aber, wenn sich die
Menschen zusätzlich noch lieben und gemeinsame Ziele verfolgen. »Wie
du mir, so ich dir« könnte auch heißen, dich zu lieben, wie ich mich liebe.
Gleichberechtigung kann man einklagen, bei der Liebe wird es schwierig,
oder hat Liebe nichts mit Moral zu tun?

*Und die Moral von der Geschichte? Wir werden zwar nicht
als moralische Wesen geboren, aber wir lernen die Moral,
bevor wir über sie nachdenken. Deshalb funktioniert das
moralische Zusammenleben weitgehend, auch ohne dass
wir immer einen Grund dafür benennen können oder eine
schwierige Entscheidung treffen müssen. Das war die gute
Nachricht. Die schlechte war, dass damit das Zusammenleben von Menschen, die in unterschiedliche Moralsystemen sozialisiert wurden, schwierig ist, weil man nicht so
locker darüber reden und infrage stellen kann, was einem
in Fleisch und Blut übergegangen ist. Und es ergeben sich
weitere praktische Fragen: Entwickeln wir eine gemeinsame Weltmoral, die alle Unterschiede einebnet, oder bleiben wir bei unterschiedlichen Moralsystemen, üben Toleranz, bleiben auf Distanz und finden uns im Übrigen damit ab, dass wir uns weitgehend an Konventionen orientieren, die damit natürlich auch an Verbindlichkeit verlieren, und dass Moral auf der zweiten, aber inhaltlichen
Ebene (die Normen erster Ordnung sind ja inhaltsleer) etwas Beliebiges ist. Das führt zu einer neuen und tiefsinni-
gen Frage:*

2 Hat Moral etwas mit dem Sinn des Lebens zu tun?

Die Frage nach dem Sinn des Lebens hat mit der nach der Moral eines gemeinsam: Sie wird gewöhnlich als entweder zu gewichtig oder als zu trivial empfunden. Zu trivial, weil wir sie uns eigentlich immer stellen müssten, es aber nicht tun, weshalb es offensichtlich ganz gut ohne diese Fragen und ihre Antworten geht. Wir scheinen immer schon zu wissen, was dieser Sinn ist, warum also fragen. Zu gewichtig, weil es andererseits eigentlich keine wichtigere Frage gibt, aber noch keiner so genau sagen konnte, worin dieser Sinn besteht oder besser gesagt, viele etwas Unterschiedliches zu diesem Thema gesagt haben und nach wie vor sagen. Es passt ganz gut in dieses widersprüchliche Bild, dass immer dann, wenn die Frage nach dem Sinn des Lebens von einem Menschen ernstlich gestellt wird, wenn also das weitere Leben davon abhängig gemacht wird, die Frage schon negativ beantwortet ist: Es gibt keinen, außer man gibt ihm einen.
Genau an dieser Fähigkeit, dem Leben einen Sinn zu geben, mangelt es den ernstlich beunruhigten Fragestellern, weshalb sie dann sich und andere danach fragen müssen, als ob diese die Aufgabe, dem eigenen Leben einen Sinn zu geben, übernehmen könnten. Wenn sie von anderen eine einleuchtende Antwort bekommen könnten, würden sie wahrscheinlich nicht fragen müssen, denn was sollten diese anderen wissen, was man nicht selber weiß. Man kann nur sich selber fragen, aber da gibt es in diesem – meist depressiven – Moment offensichtlich keine Anwort, sonst ergäbe sich die Frage nicht. Der Sinn ist diesen Menschen verloren gegangen, wie den moralischen Grüblern die Selbstverständlichkeit ihrer eingeübten Moral.

Prinzipiell ist das Leben selbst zunächst kein Thema der Moral, Moral ist etwas für Lebende und mit dem Leben verschwindet auch die Moral. Leben als solches gilt nicht nur als logische Prämisse für Moral, sondern zugleich als ihr höchster Wert. Moral soll dem Leben dienen und das Leben selbst ist das schützenswerteste Gut überhaupt. Um es zu retten, darf z. B. auch gelogen werden, aber davon später mehr. Auch für die Evolutionstheoretiker ist der Mensch als moralisches Wesen nur eine höhere und fittere Version von gemeinschaftsbildenden Lebewesen, denen es im Wesentlichen als »Diktat der Gene« um das Überleben in einer schwierigen Umwelt geht.

Es gilt auch, dass sich über das Leben nur Lebende Gedanken machen können. Es gilt aber auch, dass sie darüber nachdenken können, ob sie weiterleben wollen. Eine Minderheit entscheidet sich schon immer dagegen. Ob der Suizid erlaubt ist, ist dann schon wieder ein moralisches Problem, auch wenn das zunächst absurd erscheint.

Es ist aber z. B. durchaus eine ernste Frage, ob man sich per Suizid aus einer Verantwortung stehlen kann, die man zuvor übernommen hat, etwa bei Eltern gegenüber ihren von ihnen abhängigen Kindern, oder ganz allgemein formuliert: Wenn man durch den eigenen Suizid anderen Nachteile verschafft. Zwar kann der Selbstmörder nicht mehr zur Verantwortung gezogen werden, und wir können uns nicht sicher sein, ob wir ihn dennoch eher bedauern sollten, als dass wir ihm wegen der Nachteile für andere moralische Vorwürfe hinterher werfen müssen. Beides sind aber Fragen, die nur noch die Überlebenden betreffen, aber als moralische doch bestehen. Der Selbstmörder entzieht sich dieser Frage.

Von dieser Grenzproblematik einmal abgesehen, wird der Lebenssinn vor allem auf der Ebene von Normen zweiter Ordnung ein moralisches Thema. Wir haben schon erwähnt, dass die Beliebigkeit von Konventionen und die schwindende Autorität von Traditionen und die sie tragenden Gemeinschaften für viele gleichbedeutend mit einer Sinnkrise sind. Viele sehen auch in der zunehmenden Bedeutung von Sekten, lebensphilosophischen Zirkeln, beliebigen Gemeinschaftserlebnissen, Extremsportarten und anderen Arten von Lebenskitzeln den – meist vergeblichen – Versuch, wieder einen Sinn in das so beliebig gewordene Leben zu bringen, zumindest die Erfahrung von einem unverwechselbaren Ich zu ermöglichen. Nur wer das Leben aufs Spiel setzt, so die Logik, erfährt, ob und vielleicht auch warum er daran hängt.

Wir haben schon gesagt, dass man sich über den Sinn des Lebens erst Gedanken macht, wenn man ihn verloren hat. Man kann aber nur verlieren, was man hat und mit unserer Sozialisation bekommen wir schon immer eine ausreichende Portion davon mit. Wir lernen, was ein gutes, achtbares und wertvolles Leben ist und wir sind zufrieden bzw. glücklich, wenn uns zu gelingen scheint, was uns in dieser Hinsicht als Orientierung vorgeben ist. Wir sind natürlich darauf angewiesen, dass die, mit denen wir zusammenleben, annähernd die gleichen Ideale oder Werte haben. Wie die Moral ganz allgemein, erster und zweiter Ordnung, auf die Gemeinsamkeit mit anderen gerichtet und davon abhängig ist, so auch die Vorstellungen von einem sinnvollen Leben.

Diese gemeinsamen Vorstellungen sind es auch, die eine Gemeinschaft inhaltlich ausmachen und die Zugehörigkeit zu dieser Gemeinschaft sinnvoll und für den einzelnen auch notwendig erscheinen lassen. Wenn das individuelle Überleben auf Gemeinschaft angewiesen ist und Gemeinschaft gemeinsame Werte voraussetzt, dann gehört ein an diesen Werten orientierter Sinn des Lebens zu den Überlebensbedingungen nach der Vertreibung aus dem Paradies. Liebe, Achtung und Anerkennung sind auf der individuellen Ebene der Lohn, aber auch die Voraussetzung für ein gelungenes Leben, und die individuellen Sinnkrisen kommen dann, wenn dies verloren oder verspielt ist. Die Gründe für Selbstmord als der

Extremform von erfahrener Sinnlosigkeit haben immer diese soziale und damit moralische Qualität. Wer nur physisch gefährdet ist, kämpft um sein Leben, wer dagegen moralisch gefährdet ist, kann die Lust daran verlieren. So gesehen, hat also die Liebe durchaus etwas mit Moral zu tun – auch wenn sie in ihrer ungenierten Ungleichbehandlung der Menschen (warum liebst du den und nicht mich?) etwas Unmoralisches an sich hat.

Wie wichtig die Orientierung an den anderen oder der Gemeinschaft ist, bildet ein zentrales Thema vieler Sinndiskussionen. So richtig einerseits ist, dass es ohne die anderen nicht geht und die eigene Identität immer eine mit anderen ist, so »sinnlos« erscheint es uns, sich immer nur nach den anderen zu richten und das eigene Wohlbefinden vom Urteil und den Gefühlen der anderen abhängig zu machen. Sich dem Druck der anderen zu entziehen, sich nicht konformistisch zu verhalten, kann selbst die Quelle von Selbstbewusstsein und Glück sein, so schmerzlich dies in der konkreten Situation auch sein mag. Es können durchaus moralische Gründe sein, die einen von den anderen trennen, auch wenn diese Moral im Zusammensein mit anderen entstanden ist. Ist Moral einmal installiert, so gilt sie in gewisser Weise auch, und wenn sich die meisten nicht daran halten, man aber versucht, auf ihr zu bestehen, dann kann das durchaus einsam machen.

Weder die Normen erster Ordnung oder die goldene Regel sind sinnstiftend, es sind allein die Inhalte auf der zweiten Ebene. Es reicht auch nicht, zu überleben, es geht immer um ein gutes Leben. Gut nicht in dem Sinne, dass wir nicht nur am Existenzminimum leben, sondern im moralischen Sinn. Zwar kommt bekanntlich erst das Fressen und dann die Moral, aber seit der Vertreibung aus dem Paradies gibt es leider auch kein Fressen ohne Moral, kein Leben ohne Lebenssinn in einer moralischen Gemeinschaft. Menschen überleben nur als Gemeinschaft und dies nur als moralische Gemeinschaft. Ohne Moral gibt es den Krieg aller gegen alle, das Leben des einen auf Kosten des Lebens des enderen und letztlich dann für keinen. Die Menschheit hat sich nicht gescheut, dies ab und zu auch auszuprobieren, als ganze aber immer rechtzeitig die Notbremse gezogen. Meist haben Gemeinschaften gegeneinander gekämpft, Gemeinschaften, die intern moralisch geprägt waren, mit den anderen aber keine gemeinsame Moral hatten und nur das beziehungslose Nebeneinander oder gewaltsame Gegeneinander kannten.

Aber Moral und Lebenssinn hängen noch auf eine tiefere Weise zusammen. Moral ist nicht nur ein lebenswichtiges Instrument für Gemeinschaft und Gemeinschaften nicht nur lebenswichtige Voraussetzung für das Leben der Individuen. Vielmehr ersetzt nach der Vertreibung aus dem Paradies die moralische Gemeinschaft mit ihrer Lebenssinnstiftung den blinden Überlebenswillen der biologischen Kreatur, wie er dem Evolutionsgedanken zugrunde liegt. Nur der Mensch kann an der Sinnfrage zerbrechen und diese Verletzlichkeit ist dieselbe, die auch Moral verletzlich macht. Gut und böse hängen mit sinnvoll und sinnlos eng zusammen. Die moralische Gemeinschaft garantiert nicht nur das Leben, sondern sagt auch, dass und warum das Leben erhalten werden muss. Dies ist natürlich ein Zirkel, nur: Mehr Sinn hat das Leben halt nicht, der Kosmos kommt ganz gut ohne die Menschen aus und vor dieser eher deprimierenden Einsicht schützten nur die Zwänge des Alltags und als Hintergrund die kulturelle Selbstverständlichkeit des eingespielten Lebenssinnes. Den muss man glauben, mit oder ohne Religion, begründen kann man ihn nicht und vermutlich liegt hier der tiefe Grund für Glauben als verbindliches Nicht-Wissen. Alle meditativen aber auch die mystischen Traditionen versuchen sich jenseits von Wissen oder Glauben aus diesem Zirkel zu befreien und auf eine andere, tiefere oder höhere Stufe des Bewusstseins zu gehen, eine andere Moral ist dort aber nicht zu sehen, allenfalls eine andere Art, damit umzugehen.

Und die Moral von der Geschichte? Wir überleben nur als Gemeinschaft und als Gemeinschaft brauchen wir gemeinsame Normen und Ziele, es gibt kein Fressen ohne Moral und keine Moral ohne Fressen, die Reihenfolge ist egal, weil es keine gibt. Mit der Gemeinschaft wird auch der Lebenssinn vermittelt, der wiederum den Hintergrund für moralisches Handeln abgibt. Die Gemeinschaften vermitteln den Lebenssinn, den sie zu ihrem Erhalt benötigen und umgekehrt. Der Mensch kann aber zum Leben generell auch nein sagen und einige tun dies auch, es geht diesen nicht ums Fressen, sondern um die Moral. Die Frage ist aber, wer oder was ist diese Gemeinschaft, wer gehört dazu, wer nicht und wieviel Gemeinsamkeit braucht sie. Also geht es um die Frage:

3   Wie viel Gemeinschaft braucht der Mensch?
Von den negativen und positiven Pflichten

Wenn wir uns ins Gedächtnis rufen, was uns die Normen erster Ordnung, aber auch die goldene Regel so sagen, so fällt auf, dass sie uns auffordern, bestimmte Dinge zu unterlassen. Du sollst nicht lügen z. B., und man soll alles unterlassen, was man nicht will, dass man uns antut. Wir haben als Maßstäbe in der Hand, um sagen zu können, was man unterlassen soll, aber was soll man denn, positiv gesagt, tun? Nun braucht man diese negative Wendung nicht als Manko anzusehen, denn moralische Probleme tauchen meist nur bei der Frage auf, ob man etwas auch tun darf, was man tun will. Es ist die Einschränkung des eigenen Willens oder der eigenen Wünsche, nicht diese selbst, die den Anlass für moralische Überlegungen geben.
Wir wissen eigentlich immer ganz gut, was wir wollen und fragen moralisch nur danach, ob wir dies auch dürfen. In zweierlei Hinsicht ist dies vielleicht nicht ausreichend. Eltern fragen sich durchaus, ob sie ihren Kindern nicht bei der Entwicklung von Wünschen oder Lebenszielen auch moralische Kriterien mit auf den Weg geben sollen. Wir lernen alle auf dem Weg zum Erwachsensein, was als ein gutes und anerkennenswertes Leben gilt, das nicht zu erreichen oder davon abzuweichen mit Problemen verbunden ist. Wir lernen auch, dass unsere Mitmenschen in etwa die gleichen Vorstellungen von einem erstrebenswerten Leben haben, und wir lernen zumal heute auch, dass in anderen Kulturen, Milieus oder Schichten davon abweichende Vorstellungen existieren. Dies ist nicht immer gegeben, wie das Problem der Geschlechtsrollen zeigt, und emanzipationsbewusste Frauen können ein trauriges Lied davon singen, wie schwer es ist, gegen die vorherrschende Meinung davon, was das Leben einer Frau auszumachen hat, zu verstoßen. Solche Frauen wissen auch, dass die Realisierung ihrer Vorstellungen in anderen Kulturen auf noch viel größeren Widerstand stoßen würde, in wieder anderen gegebenenfalls aber auch bereits selbstverständlicher wäre. Ein großer Teil der Distanz, die wir zu anderen Kulturen haben, liegt genau auf dieser Ebene unterschiedlicher Vorstellungen, was sich für die verschiedenen Generationen und Geschlechter »schickt« und was als »anormal« gilt und welche Werte für die Gestaltung des Lebens maßgeblich sind.

Es gibt für diese Werte keine rechte Begründung außer der, dass sie gelten und, weil sie uns per Erziehung in Fleisch und Blut übergegangen sind, deshalb als entsprechend »natürlich« gelten. Vor allem auf dem Gebiet der Sexualmoral wird diese Verbindung von Moral und Inhalt deutlich. Die »moderne« Version, nach der alles erlaubt ist, was mit Zustimmung aller Beteiligten geschieht und nicht die Normen erster Ordnung verletzt, stellt in den Augen der Vertreter einer eher traditionellen Sexualmoral die schiere Installation von Sodom und Gomorra und damit auch schon – dem biblischen Vorbild folgend – den Untergang dar.

Diese moderne Version der Sexualmoral ist das Eingeständnis davon, dass uns positive Maßstäbe dafür, wie Sexualität auszusehen hat, zumindest als begründungsfähige und damit auch konsensfähige, fehlen. Hat eine Gemeinschaft einmal ihre gemeinsamen Vorstellungen verloren, lassen sich diese nicht einfach mehr moralisch einklagen oder neu installieren. Nun klingt dies dramatischer, als es ist. Wir zehren in unserem Leben nach wie vor davon, dass wir über solche gemeinsamen Vorstellungen verfügen, auch wenn diese sich ändern. Was alles nach einer Sexualmoral im modernen Sinn erlaubt sein mag, wird von den meisten nicht in Anspruch genommen und auch gar nicht gewollt, es besteht immer noch mehr Gemeinsamkeit, als sich begründen lässt. Zweifellos nimmt aber diese verbindende Kraft gemeinsamer Vorstellungen ab und Begriffe wie Individualisierung und Pluralisierung bezeichnen diese Tendenz der schwindenden Gemeinsamkeiten und des Gefühls wachsender Beliebigkeit.

Wusste man früher noch, was ein wertvolles Leben ausmacht, was der Sinn des Lebens ist, und konnten die Moralprediger dies noch selbstbewusst und mit einer realistischen Chance auf Befolgung verkünden, so haben sich die Zeiten geändert, und wir sind in der Erklärung verbindlicher Werte viel vorsichtiger geworden und gehen dazu über, diese Werte nach den Normen erster Ordnung oder der goldenen Regel zu überprüfen, also nur nachzusehen, ob sie negative Pflichten verletzen. Wir tun dies natürlich – wo kein Kläger, da kein Richter – nur, wenn diese Werte an Kraft verlieren und ihre Gültigkeit nicht nur theoretisch, sondern praktisch bestritten wird. Wir verzichten dann weitgehend darauf, sie als unsere Kultur, Religion oder Tradition als allein selig machend zu rechtfertigen und anderen gegenüber auszuzeichnen. Diese inhaltlichen Gemeinsamkeiten lassen sich nicht als verbindlich begründen, sondern nur in ihrer Funktion für den Zusammenhalt analysieren und gegebenenfalls in diesem Sinne einklagen. Vielfach bleibt es bei der skeptischen Beurteilung der Lage und der Überlegung, was unser gemeinsames Leben noch zusammenhält, wenn uns diese Gemeinsamkeiten verloren gehen. Das Wort Moral kommt vom lateinischen mores und dies bedeutet Sitten und Gebräuche, also genau das, was es heute immer weniger bedeutet. Die Sitten und Gebräuche machten die Identität der Kulturen aus, an denen sich deren Mitglieder orientieren konnten und an denen ihr Leben gemessen wurde. Je blasser und heterogener diese Identitäten werden, desto problematischer wird der Zusammenhalt und die Solidarität. Desto schwieriger wird es allerdings auch für die einzelnen Menschen, sich zu orientieren: Es scheint so, als ob wir ein zweites Mal aus dem Paradies vertrieben werden.

Damit hängt der zweite Aspekt zusammen, unter dem die Beschränkung auf die negativen Pflichten problematisch werden könnte. Viele Moralen lassen sich auf zwei Grundsätze reduzieren:

1. Füge niemandem Schaden zu (negative Pflicht).
2. Hilf, soweit du kannst (positive Pflicht).

Nach dem ersten muss man es unterlassen, jemanden zu verletzen. Dies ist zumindest inhaltlich klar. Wenn nun jemand schon verletzt ist, muss man ihm nach dem zweiten Grundsatz helfen. Dies ist schon weniger klar. Was heißt Hilfe? Reicht es z. B. bei einem Autounfall, dass man einen Rettungswagen alarmiert, muss man dort bleiben, bis man sicher ist, dass auch geholfen wird oder muss man dies im negativen Fall selbst machen (»warum immer ich, es gibt doch noch andere«), reicht eine erste Notversorgung, damit der Betroffene sich, wenn auch unter Schmerzen, selbst weiterhelfen kann, oder geht die Pflicht zur Hilfe weiter, und wie steht es darum, wenn man weiß, dass der Betroffene seine Lage selbst verschuldet hat? Während die bloße Unterlassung einer Tat relativ einfach zu befolgen ist, ist die Ausgestaltung einer positiven Tat ein inhaltliches Problem und wir wissen, dass Hilfsbereitschaft sehr unterschiedlich ausgeprägt ist und sich diese Ausprägungen alle im Rahmen des zweiten Grundsatzes bewegen. Ein großer Teil unserer Diskussion um den Sozialstaat betrifft diese Dimension. Es soll keiner verhungern, aber wie viel muss man ihm zu essen geben, das Existenzminimum, etwas mehr oder gar soviel, wie man selbst hat?

Diese Unklarheit der positiven Pflichten hat dazu geführt, dass etwa die Menschenrechte weitgehend negativ formuliert sind, es sind Verbote. Man darf Menschen nicht töten und verletzen, man darf sie nicht diskriminieren, ihre Freiheiten nicht beschränken, ihre Würde nicht antasten usw. Zurückhaltender sind die meisten Menschenrechtskataloge mit den positiven Rechten, also dem Recht auf Arbeit, auf eine Wohnung, auf Gesundheit usw. Bei den positiven Rechten und den entsprechenden Pflichten ist nicht nur das Ausmaß unklar, sondern auch der Adressat. Wer ist für die Wohnung, die Gesundheit der anderen zuständig, jeder als Person oder die Gemeinschaft für ihre jeweiligen Mitglieder oder auch für die Mitglieder anderer Gemeinschaften, wenn diese ihren Pflichten zur Fürsorge nicht nachkommen?

Genau dieser letzte Punkt bildet die Verbindung von negativen und positiven Pflichten. Negative Pflichten können einen mit allen Menschen dieser Welt verbinden: man lasse sie einfach in Ruhe und sie lassen einen in Ruhe. Schwieriger ist die Frage, wem gegenüber man auch positive Pflichten hat. Ein Blick auf die Realität beantwortet teilweise diese Frage. Gegenüber einem Lebenspartner, seinen Geschwistern, Kindern und Eltern verspürt man diese Pflichten am deutlichsten. Man teilt alles mit ihnen und ist um sie besorgt (meistens jedenfalls, zumindest im Prinzip). Dies ändert sich erst, wenn man mit ihnen im Streit liegt und dieser soweit geht, dass man sich nicht mehr familiär mit ihnen verbunden fühlt oder wenn man das Gefühl hat, die familiäre Bindung wird nur ausgenutzt und keineswegs erwidert. Auch bei den positiven Gefühlen der Zusammengehörigkeit gibt es die Notwendigkeit der Symmetrie bzw. bei deren Fortfall ein »Wie du mir, so ich dir«.

Je weiter die anderen Menschen von diesem Kernbereich emotionaler Bindungen entfernt sind, desto weniger verspürt man diese starken positiven Pflichten. Alle sechs Milliarden Menschen dieser Welt kann man kaum lieben, wie sich selbst oder sagen wir besser – da es mit der Selbstliebe so ein Problem sein kann – wie den, mit dem man in wechselseitiger Liebe verbunden ist, und darüber hinaus, schon bei einer sehr viel geringeren Zahl als sechs Milliarden, dürfte dies ein Problem sein. »Alle Menschen werden Brüder« dehnt die Logik emotionaler Bindung prinzipiell auf alle Menschen aus und überdehnt damit auch diese Logik. Dass alle Menschen Brüder (und natürlich Schwestern) werden, formuliert die Hoffnung, dass die positiven Pflichten dominieren, dass alle sich lieben und sich nicht nur gegenseitig in Ruhe lassen. Aber wenn man nicht alle Menschen lieben kann und nicht allen gegenüber in gleicher Weise fürsorgliche Pflichten verspürt, muss man dann ein schlechtes Gewissen haben, weil man moralische Pflichten verletzt? Die täglichen Bilder vom Elend aus allen Ecken dieser Welt machen uns hilflos. Sie bringen uns fernes Elend nahe und fordern uns auf, uns so zu verhalten, als sei es nahe. Abgesehen von den praktischen Problemen der Hilfe scheint hier die Gefahr einer moralischen Überforderung vorzuliegen, die in die weitere Gefahr der Abstumpfung führt.

Die Moral von dieser Geschichte? Gemeinschaften können nicht alleine durch negative Pflichten und Toleranz gegenüber Andersartigem zusammengehalten werden, sie brauchen Gemeinsamkeiten und sie brauchen wechselseitige positive Pflichten und beides scheint zusammen zu hängen. Sollten wir in einer Zeit leben, in der dies abnimmt, so sind immer mehr nur die negativen Pflichten einklagbar und die positiven bleiben auf der Strecke.

C　　VON DER ANWENDUNG: ALLTÄGLICHES UND AKTUELLES

1　　**Mit Freunden und Verwandten macht man keine Geschäfte.**
　　Von der Frage, ob man sich liebt oder sich nur von Nutzen ist

Die Erkenntnis vom Menschen als einem soziales Wesen, ist alt, auch die Begründung dafür lässt sich bis in die Frühzeit der Philosophie verfolgen: alleine würde er nicht überleben. Dies gilt allerdings für viele Herdentiere ebenso, für den Menschen schon alleine deshalb in verstärktem Maße, weil er viel mehr Jahre braucht, um physisch, psychisch und mental in der Lage zu sein, eventuell auch alleine zurecht zu kommen. Bis zu diesem Zeitpunkt benötigt er zumindest die Lebensgemeinschaft mit mindestens einem anderen Menschen, der für ihn sorgt und der ein Motiv dafür braucht.
Von außen betrachtet, wir können auch sagen: funktional betrachtet, hat die Gemeinschaft mit anderen eine lebenserhaltende Funktion und das sollte auch intentional, also aus der Sicht der Menschen selbst und ihren Motiven betrachtet, ausreichen.
Menschen sind sich also von gegenseitigem Nutzen, was sich auch nicht dadurch grundsätzlich ändert, dass es die einen gut verstehen, mehr Nutzen daraus zu ziehen als andere. Das mit dieser Ungleichheit verbundene Problem führt zu einer anderen Frage, einer moralischen, der nach der Gerechtigkeit.

Aber zunächst zum Ausgangspunkt zurück. Menschen brauchen einander, um zu überleben und sie brauchen vielleicht auch viele andere, um besser zu überleben. Es gibt ganze philosophische Richtungen, die die menschlichen Gemeinschaften, Familie, Gesellschaft, Staat als Vertragsgemeinschaften auffassen, die nur zum Zwecke des wechselseitigen und vertraglich festgelegten Nutzens eingegangen werden.

Nun zeigt uns unsere eigene Erfahrung, dass wir die Menschen nicht nur danach beurteilen, ob und was sie uns nutzen, sondern auch danach, wie sympathisch wir sie finden, ob wir sie sogar vielleicht lieben und selbst im nüchternen Arbeitsleben arbeiten wir nach solchen Kriterien mit den einen lieber zusammen als mit den anderen und sind gegebenenfalls sogar bereit, materielle Vorteile in den Hintergrund treten zu lassen. Wir beurteilen Menschen, die nur des Geldes wegen heiraten oder die Freundschaften aufkündigen, wenn sie materielle Opfer verlangen, moralisch negativ. Wir haben so das Gefühl, dass zumindest in unserem Nahbereich der wechselseitige Nutzen nicht nur nicht alles ist, sondern den Beziehungen auch im Wege stehen kann, und dass das Leben ohne diese andere Art von Beziehungen, nennen wir sie der Kürze wegen pauschal: Liebe, sehr viel ärmer, um nicht zu sagen sinnlos wäre. Menschen, die zumindest zeitweilig ohne solche Beziehungen auskommen müssen, träumen wenigstens davon, und wer sich von diesen Träumen verabschiedet hat, sucht den »nutzlosen« Kontakt zu höheren Wesen, dass Gott alle lieb hat, ist da schon ein Trost.

Nun klingt dies alles sehr moralisch, wir sollten vielleicht eher sagen: moralistisch. Liebe ist wichtiger als das Geschäft, Solidarität geht vor Profit, Nächstenliebe vor Eigennutz usw. Da wagt natürlich keiner, zu widersprechen, befolgt wird es im Zweifelsfall doch nicht, denn diese Forderungen folgen nicht strikt aus unseren Normen erster Ordnung und auch die goldene Regel muss dem nicht widersprechen und schließlich kann man sich nicht zu Gefühlen zwingen und schon gar nicht von anderen dazu gezwungen werden. Ein moralisches Argument für die Liebe gibt es nicht. Liebe ist eher ein Motiv, etwas mit anderen Menschen anzufangen und zwar der Beziehung wegen, eben der Liebe, und nicht des Nutzens wegen, den das bringt.

Nun kann man einwenden, dass Liebe auch nur eine Art von Nutzen ist, wenn vielleicht auch nur einer der »höheren« Art. Utilitaristen, Philosophen also, die alles menschliche Handeln mit dem Suchen nach Nutzen erklären, haben dies auch so gesehen und man kann das auch so sehen. Allerdings geht dann der Sinn für die verschiedenen Qualitäten und Konsequenzen von unterschiedlichen Nutzen verloren. Für uns ist in diesem Fall aber ein gewichtiger Unterschied zu anderen Arten von Nutzen interessant: Bei der Liebe sind die Menschen nicht beliebig austauschbar. Verträge üblicher Art kann ich mit jedem schließen, der sie zu erfüllen bereit ist. Wer das Brot bäckt, das ich esse, wer das Haus baut, in dem ich wohne und wer meinen PC konstruiert, gebaut und verkauft hat, ist vom Nutzen dieser Dinge für mich her gesehen, vollkommen gleichgültig. Und weil dies gleichgültig ist, gibt es das auch für Geld, das alles gleich gültig macht und mit dessen Hilfe ich diese Dinge auch global, d. h. überall und für jeden produzieren und verkaufen kann. Mit der Liebe, wenn es nicht gerade um die sogenannte »käufliche« Liebe geht, ist es da schon komplizierter. Die immer wieder gestellte Frage: warum liebst du mich? wird ebenso oft nichtssagend (»weil du so bist, wie du bist«) beantwortet. Alle rationalen Gründe würden die Liebe in ihrem Kern bereits in Frage stellen, weil hier Nutzen oder nützliche Eigenschaften verglichen würden, und wenn man damit einmal anfängt, ist es mit der Liebe auch schon vorbei. Wenn die Scheidungsanwälte die Vermögensfrage klären und alles, was aus Liebe gekauft, geschenkt oder gemeinsam produziert wurde unter dem nüchternen Gesichtspunkt der formalen Gerechtigkeit beurteilt wird, dann wird der Sinn deutlich, der mit dem Rat verbunden ist, mit Freunden keine Geschäfte zu machen oder Gefühle und Geschäfte auseinander zu halten: Es geht um grundverschiedene

Dinge, die sich gegenseitig behindern können, auch wenn man sie vielleicht unter dem abstrakten Begriff des Nutzens zusammenfassen kann.

Man kann also die Beziehungen zwischen den Menschen danach unterscheiden, ob sie einen Eigenwert haben oder nur dem Tausch von gegenseitigem Nutzen dienen. Und dennoch sind die Beziehungen zwischen diesen Ebenen enger als es scheint. Worin sehen wir denn unseren Nutzen. Natürlich in erster Linie darin, unser Leben zu erhalten, nichts anderes hat die evolutionäre Sichtweise im Blick. Aber Liebe geht durch den Magen und dies ist nicht nur ein Tipp für den Heiratsmarkt oder doch eine Antwortmöglichkeit auf die Frage: warum liebst du mich?, sondern vor allem der Hinweis, dass alles, was so unser individuelles Leben erhält, immer auch einen Beziehungsaspekt hat und der Erhaltung unseres Lebens als eines Lebens, das nur in Gemeinschaft möglich ist, dient. Die einsam verzehrte Currywurst wird (von der heimlichen Gier abgesehen) eher als triste angesehen und von der Mikrowelle, in der sich jeder schnell sein Essen wärmt, wird als dem Tod der Familie gesprochen, weil nun nicht mehr für die Familie als Familie im Sinne einer Gemeinschaft, die mehr ist als simultanes Essen am selben Tisch, gekocht und dieses auch gemeinsam verzehrt wird. Dass Kleidung uns nicht nur warm hält, sondern seit der Entdeckung des Nacktseins auch eine moralische Qualität hat, sahen wir bereits, und dass damit die Aufmerksamkeit, Bewunderung oder (in provokativer Absicht) Abscheu erregt wird, ist mittlerweile eine triviale Erkenntnis. Der meiste Reichtum würde nicht aufgehäuft werden, könnte man ihn nicht als Zeichen seines Erfolges auch zeigen, und dies setzt immerhin gemeinsame Maßstäbe für Erfolg und die Hochschätzung für Erfolg schon als solchen voraus. Der größte Teil der Luxusgüterindustrie lebt von dieser Demonstrierbarkeit von Reichtum als Indikator für Erfolg. All dies wäre ohne Gemeinschaft und Gemeinsames nicht möglich.

Es wäre sicherlich vermessen, dies alles unter Liebe zu fassen, aber mit positiven Gemeinschaftsgefühlen hat es schon etwas zu tun. Immerhin will noch der größte Angeber Anerkennung durch andere und ist nicht damit zufrieden, allein zu Hause und ohne Wahrnehmung durch andere, seinen Luxus zu genießen. Daran ändert auch die Tatsache nichts, dass man feine Sachen lieber alleine genießen sollte und das eine oder andere auch den Blicken der Neider entzogen bleiben sollte. Aber auch der Neid ist ein Gemeinschaftsgefühl bzw. setzt Gemeinschaft voraus. Gemeinschaft und die sie verbindende Liebe, ob nun in Zweisamkeit oder unter vielen, ist immer etwas besonderes, sie behandeln nicht alle gleich, wie es uns die Gerechtigkeit abverlangt, sondern alle anders.

Und die Moral von der Geschichte? Menschen brauchen Gemeinschaft, um zu überleben. Gemeinschaft braucht aber mehr, als dass jeder einen Nutzen davon hat, sie braucht positive Bindungskräfte und Gefühle. Wenn wir als Einzelne auf eigenen Beinen stehen, haben wir von der Gemeinschaft schon profitiert, ohne dies bewusst betrieben zu haben und wir haben positive Gefühle erfahren und gelernt. Über unsere physischen Bedürfnisse hinaus, die uns Hunger, Durst und andere Schmerzen signalisieren, haben wir soziale Bedürfnisse entwickelt. Dies nicht als Luxus obendrauf, ohne den es zur Not auch geht, sondern als Voraussetzung für unser individuelles physisches Leben. Es gibt kein Fressen ohne Moral, und wer dies glaubt, hat bald nichts mehr zu Fressen. Aber die sozialen Bedürfnisse sind unterschiedlicher Natur, die Liebe sucht das Besondere, die Gerechtigkeit das Allgemeine, Gemeinschaft braucht beides.

2 Von Schwarzfahrern, Gefangenen und Schiffbrüchigen

Wir können uns durchaus ruhig zurücklehnen, die Liebe gibt es noch, auch wenn sich bei der Frage: Geld oder Liebe, viele für das Geld entscheiden bzw. für eine Karriere auf Kosten der Familie, oder damit es nicht so konservativ klingt: auf Kosten persönlicher Beziehungen, und auch wenn der Weg nach oben oft mit Scheidungen vom Partner von weiter unten gepflastert ist. Dennoch sind die Anzeichen für den Schwund der bindenden Gefühle für viele Beobachter unverkennbar und unabhängig davon, ob sie nun Recht haben, lohnt sich die Frage, ob nicht auch der Eigennutz eine brauchbare gemeinsame Basis für das Zusammenleben abgibt. Es wäre immerhin eine beruhigende Perspektive, denn auf Eigennutz kann man sich eher verlassen als auf Liebe, Nächstenliebe oder Engagement für die Gemeinschaft. Es gibt ein paar Standardbeispiele für diese Diskussion, die wir uns näher ansehen wollen.

Da ist einmal der Schwarzfahrer. Sein erhoffter individueller Erfolg beruht auf der Annahme, dass die meisten Fahrgäste ehrlich sind und bezahlen und damit den öffentlichen Verkehr überhaupt ermöglichen. Wenn dies so ist – und es ist ja wohl so –, dann kann sich eine Minderheit einen Vorteil verschaffen, wenn sie sich vor dem Bezahlen drückt. Sie hat den Vorteil, den auch die anderen haben, aber nicht deren Nachteil. Sehen wir einmal von dem Risiko ab, erwischt zu werden, was sich ja kalkulieren oder im Sinne unseres Gedankenspiels auch hypothetisch außer Kraft setzen lässt, dann verfolgt der Schwarzfahrer sehr klug sein Eigeninteresse. Verzichten wir getreu unserer Hypothese, dass Eigennutz gemeinschaftsstiftend ist, auf seine moralische Verurteilung, (er verstößt immerhin gegen Normen erster Ordnung, da er heimlich etwas anderes tut, als er sagt), so kann eine Kritik im Namen des Eigennutzes ja nur darin bestehen, dass er nur deshalb schwarzfahren kann, weil dies die anderen nicht tun, und wir kommen zu dem Standardargument: Wenn das alle täten! und der heimlichen Antwort: Es tun ja Gott sei Dank nicht alle. Natürlich ist es für alle unter reinen Nutzengesichtspunkten besser, wenn sich alle an die Regeln halten. Insofern ist die Einhaltung der Regeln auch ohne moralische Bewertung sinnvoll und nützlich. Unbestreitbar kann es für Einzelne noch nützlicher sein, sich nicht an die Regeln zu halten. Wir müssen also gegenüber dem Schwarzfahrer auf den Nutzen für alle verweisen und verweisen damit auf eine Gemeinschaft, mit der man sich, wenn auch nur unter Nutzengesichtspunkten, identifizieren muss, damit sie funktioniert. Wir schließen einen Vertrag und haben einen Vorteil davon und wir versprechen damit, den Vertrag auch einzuhalten, auch wenn dies im Einzelfall und zeitweilig nicht in unserem Eigeninteresse liegt. Das Eigeninteresse allein scheint also nicht auszureichen, es muss zumindest die Identifikation mit der Vertragsgemeinschaft dazu kommen, der die Einhaltung der Regel nutzt und damit auch mit ihren Regeln. Meist sorgt schon die soziale Kontrolle für deren Einhaltung und bei ihrem Wegfall kann man dann sein blaues Wunder erleben. Dennoch geht es ohne die moralische Verpflichtung gegenüber den Regeln nicht, auch wenn diese durchaus im Eigeninteresse liegen.

Gehen wir zum zweiten Beispiel, das unter dem Namen »Gefangenendilemma« in der moralischen Diskussion Karriere gemacht hat. Zwei Ganoven überfallen einen Menschen und berauben ihn mit Waffengewalt. Sie werden zwar geschnappt und man findet auch die Waffen bei ihnen, aber einen Beweis für die Tat selber hat die Polizei nicht in der Hand. Beide Ganoven werden nun getrennt verhört und erhalten das folgende Angebot: Wenn nur einer von beiden gesteht (Kronzeugenregelung), geht dieser straffrei aus und der andere wird wegen Waffenbesitz und Raub zur Höchststrafe verurteilt. Wenn beide nicht gestehen, werden beide nur wegen Waffenbesitz verurteilt. Wenn beide gestehen, werden beide zur Höchststrafe verurteilt. A und B, die nicht miteinander reden können, stehen nun vor dem Problem, nicht zu wissen, wie der andere reagiert. Vermuten sie, dass der andere dicht hält, kommen beide mit einer relativ geringen Strafe davon, gehen sie davon aus, dass der andere auf Kosten seines Kumpels sich Straffreiheit verdienen will, würde man die Strafe alleine absitzen und könnte durch eigenes Schweigen keinen Vorteil für sich erringen. Das Dilemma ist unlösbar, sonst wäre es keines, und es ist nur unlösbar unter der Bedingung, dass beide sich nur an ihrem eigenen Interesse orientieren. Wäre zwischen ihnen beiden klar und ausgemacht, dass auf jeden Fall der eine für den anderen aus Freundschaft in den Knast geht, oder es wäre zwischen beiden aus den gleichen Gründen klar, dass sie sich nicht gegenseitig verraten, dann gäbe es kein Dilemma, es gäbe aber auch keinen reinen Eigennutz, sondern so etwas wie eine verbindende Gemeinschaft zwischen beiden, etwa Freundschaft. Ging es bei den Schwarzfahrern eher um eine anonyme Gemeinschaft der Verkehrsmittelbenutzer und bei den Ganoven A und B um eine erforderliche Freundschaft, so wird es im nächsten Beispiel schon komplizierter.

Im sogenannten Rettungsbootdilemma geht es darum, dass in einem Rettungsboot zu viele Menschen sitzen und die Alternative darin besteht, dass entweder alle zugrunde gehen oder einige das Boot verlassen und sich damit für die anderen opfern. Ausgeschlossen bei diesem Gedankenexperiment ist die Variante, dass einfach die Stärksten die Schwächsten rausschmeißen oder zu diesem Zwecke irgendwelche Koalitionen eingegangen werden. Die Aufgabe besteht vielmehr darin, einen Konsens darüber zu finden, wer im Falle der Rettung nach seiner Rückkehr den meisten Nutzen für andere erbringt. Verschiedene Kriterien sind dabei denkbar. Man könnte die mit der höchsten Qualifikation nehmen, vielleicht aber auch die Gesündesten oder Jüngsten, weil die noch das größte Potential haben, vielleicht auch die Frauen, weil sie noch Genies gebären könnten oder auch jene, die sich bislang schon die meisten Verdienste erworben haben und im Falle ihrer Rettung als Beispiel dafür dienen könnten, dass gutes Verhalten eben belohnt wird.

Selbst wenn man von einer Gemeinschaft ausgeht, die nur durch individuelle Nutzenerwägungen zusammengehalten wird, ist doch unklar, wer für wen den meisten Nutzen bringt und auch, ob alle Mitglieder der Gemeinschaft von allen den gleichen Nutzen haben und auch den gleichen Nutzen gleich hoch schätzen. Der Gesunde braucht nicht unbedingt einen Arzt, der Technikfeind keinen Ingenieur, der Starke keinen Samariter und der Schwache keinen starken Konkurrenten. Also selbst dann, wenn wir davon ausgehen, dass nur die Nutzenerwartung eine Gemeinschaft aufrechterhält, ergeben sich für Fälle, wie sie im Rettungsbootdilemma beschrieben werden, keine Lösungen. Wie wird man also verfahren? Am wahrscheinlichsten wird man zum Losverfahren greifen, weil es von den unterschiedlichen Nützlichkeiten absieht und alle gleich behandelt. Dies entspricht einer zentralen Norm erster Ordnung, denn bei einer Diskussion um mögliche Unterschiede dürfen diese selbst noch keine Rolle spielen.

Da sich bei reiner Nutzenorientierung jeder selbst der Nächste, weil zugleich der einzige Bezugspunkt für Nutzenerwägung ist, wird jeder auch auf der formalen Gleichheit bei der Lösung des Problems und nicht nur bei deren Diskussion bestehen. Vielleicht zieht man es auch vor, gemeinsam unterzugehen, auch eine Art der Gleichbehandlung. Am wahrscheinlichsten ist aber wohl genau die Variante, die als Lösung ausgeschlossen wurde, das Recht des Stärksten oder vielleicht auch deren Gegenteil: dass sich nämlich Freiwillige finden, die sich opfern. Das Recht der Stärksten entspräche übrigens einer gewissen evolutionären Logik, da nur die Stärksten überleben. Da es heute aber vielleicht eher auf Klugheit ankommt, wäre dies ein evolutionärer Irrweg, aber das Beispiel stammt auch aus einer anderen Zeit.

Die, die sich freiwillig opfern, die moralischen Helden (sie bekommen meist ein Denkmal oder werden heilig gesprochen) belegen dagegen den unverzichtbaren Wert von Gemeinschaft. Ihre Antipoden, die einfach die anderen aus dem Boot schmeißen, belegen, dass Gemeinschaften sich letztlich nur dadurch rechtfertigen, dass sie das Leben ihrer Mitglieder sichern und dass im Extremfall dafür die Einzelnen schon selber sorgen müssen. Ob man mit einem Leben um diesen Preis auch glücklich werden kann, steht auf einem anderen Blatt. Auch unter moralischen Gesichtspunkten bleibt ein Teil des Dilemmas bestehen.

Und die Moral von dieser Geschichte? So plausibel es ist, dass Gemeinschaften von Menschen kein Selbstzweck sind, sondern sich danach bemessen lassen müssen, was sie für den Einzelnen bringen, so unverzichtbar ist andererseits, dass dies als gemeinschaftssicherndes Motiv für die Mitglieder nicht ausreicht. Nutzengemeinschaft setzt moralische Gemeinschaft voraus.

3   **Arm und Reich.** Vom gegenseitigen Nutzen und Ausnutzen

Wir haben schon beim Rettungsbootdilemma gesehen, dass der Nutzen von Gemeinschaften für den Einzelnen sehr unterschiedlich aussehen kann und das ist natürlich um so relevanter, je mehr der Nutzen als Motiv für die Sicherung einer Gemeinschaft im Vordergrund steht. Angesprochen ist damit das Problem der Gerechtigkeit.

Jede Gemeinschaft fordert etwas von ihren Mitgliedern und gibt ihnen dafür auch etwas oder anders formuliert: In jeder Gemeinschaft geht es auch um die Verteilung von Lust und Frust. Sehen wir uns dies bei der Familie einmal genauer an, wobei Familie für uns als Beispiel einer Gefühlsgemeinschaft, einer Gemeinschaft mit emotionalen Bindungen steht. In einer idealtypischen Familie, zumindest unseres Kulturkreises, geben die Neugeborenen nichts, bekommen aber alles, was sie brauchen. Dabei ist immer etwas strittig, was sie eigentlich brauchen und es gibt die beträchtliche Spannbreite zwischen einer asketischen »gelobt sei, was hart macht«-Versorgung und einem Vollfüttern und Vollstopfen, bei dem jeder Wunsch von den Lippen gelesen wird. Ebenso strittig ist meist auch, wann und wieweit den Kindern eine Eigenleistung abverlangt wird, sozusagen ein Beitrag zum Familienwohlstand. Beide Bereiche unterscheiden sich von Familie zu Familie und von Kultur zu Kultur, wobei die physischen Minimalvoraussetzungen für eine gesunde Entwicklung immer eine Untergrenze darstellen und die Entwicklung zur Selbstständigkeit des künftigen Erwachsenen eine weitere unverzichtbare Grenze für das Verwöhnen darstellt, wobei leider viel zu oft die beiden Grenzwerte nicht eingehalten werden.

Ähnlich strittig stellen sich die Beiträge von Vater und Mutter dar, die sich weitgehend an den Geschlechterrollen und kulturspezifischen Rollenteilungen außerhalb und innerhalb der Familie orientieren. Gerade weil diese sich bei uns in den letzen Jahren stark verändert haben, sind sie uns deutlicher ins Bewusstsein gebracht worden, als dies im »Normalbetrieb« der Fall ist. Auch in Gefühlsgemeinschaften spielen »externe« Faktoren eben eine bedeutende Rolle. Die traditionellen Geschlechterrollen sind älter als die moderne reine Gefühlsehe und sie werden sich im Wechselverhältnis von inneren und äußeren Faktoren weiterentwickeln.

Welche Verteilung von Lust und Frust, von Rechten und Pflichten sehen wir nun aber als gerecht an? Dies ist in jeder Familie ein bisschen anders und unterscheidet sich auch von Kultur zu Kultur und ändert sich im Zeitverlauf. Die Antwort ist also: Das hängt davon ab, was von den Beteiligten als gerecht betrachtet wird. Das ist zugegebenermaßen nicht besonders aussagekräftig. Dahinter steht aber eine andere Antwort: Jede

Familie ist offensichtlich durch gemeinsame Vorstellungen davon geprägt, was die Rechte und Pflichten ihrer Mitglieder betrifft. Sollte ein Mitglied in seinen Ansprüchen davon abweichen, wird dies als ungerecht betrachtet und abgewiesen. Jedem das Seine, heißt dieses Gerechtigkeitskriterium und das meint, dass jeder anders ist und eine eigene Rolle und Position in der Gemeinschaft hat und danach auch behandelt werden muss. Nun wissen wir auch, dass die Vorstellungen nicht bei allen Beteiligten ganz deckungsgleich sind und dass sich diese auch verändern können. Das erklärt, warum es permanent kleine oder größere Auseinandersetzung darüber gibt. Das darf aber nicht darüber hinwegtäuschen, dass diese sich auf kleinere Unklarheiten beziehen und nie ums Ganze gehen. Wenn sie denn ums Ganze gehen, ist die Gemeinschaft zerbrochen, die Eltern lassen sich scheiden oder die Kinder verlassen das Haus (wenn sie können).

Wie könnte man sich eine moralische Diskussion über innerfamiliäre Gerechtigkeit vorstellen, wenn es keine vorgegebenen Rollen gäbe, die die jeweiligen Rechte und Pflichten festlegen und damit auch das, was als gerecht gilt? Hier würden die Normen erster Ordnung greifen, d. h. alle müssten zunächst als gleich betrachtet werden, es gäbe keine vorherigen Festlegungen und jeder müsste seine Interessen und Wünsche vorbringen, und man müsste sehen, ob sich diese vereinbaren lassen. Wenn man sich die Regeln und Verfahren einer solchen Diskussion ausmalt, wird man sicherlich bei einem modernen rechtsstaatlichen Demokratiemodell landen, denn dort geht es ja um nichts anderes, als dass sich Menschen darüber unterhalten und dann auch entscheiden, nach welchen Regeln sie miteinander leben und welche sie alle betreffenden Einzelentscheidungen sie treffen wollen.

Auf Familien ist dies aus zwei Gründen nur sehr begrenzt anwendbar. Da sind erstens die Kinder, die hier erst langsam in die Rolle eines mündigen Bürgers hineinwachsen und da sind zweitens die positiven Bindungen der Eltern (jedenfalls meistens oder für eine bestimmte Zeit) und da ist vor allem die Möglichkeit bei mangelnder Übereinstimmung erst gar nicht eine Familie zu gründen oder sie wieder aufzulösen, wenn diese abhanden gekommen ist – eine offensichtlich immer häufiger gefundene Lösung.

Wenn wir uns vorstellen, in Familien müsste ernsthaft und prinzipiell nach demokratischen Spielregeln verfahren werden, würden ihre emotionalen Grundlagen verschwinden. Es ginge ja dabei nicht um »Abstimmungen« über das Urlaubsziel oder andere Einzelfragen, sondern um die grundlegenden gemeinsamen Dinge. Wir müssten der Gleichheit wegen auf das, was Familien ausmacht, ihre Generations- und Geschlechterrollen, absehen und damit zugleich in Frage stellen, was andererseits ihre Bedingung ist, nämlich ihre emotionale Gemeinsamkeit. Bürger in einem

Staatswesen müssen sich nicht lieben oder wechselseitig erziehen, sie müssen sich respektieren und in ihrer Verschiedenheit achten. Familienmitglieder wiederum müssen ein anderes Verhältnis zueinander haben, wenn sie sich von einem Verein, einer Aktiengesellschaft oder sonstigen Vertragsverhältnissen unterscheiden. Geld oder Liebe, Respekt oder Bindung, das »Wie du mir, so ich dir« kann unterschiedliche Qualitäten haben.

Die gegenwärtige moralische Problematik der Familie besteht darin, dass auch Familien intern nicht von den Normen aus den anderen Bereichen absehen können und dass man den Schwächeren in der Familie, nach wie vor meist den Frauen und Kindern, Rechte einräumen muss, die sie auch durch Hilfe von außen, also den Gerichten, einklagen und durchsetzen können müssen. Andererseits, und das stellt vielfach ein Dilemma dar, gerät dadurch der emotionale Kern der Familie in Gefahr. Emotionalität, Liebe und Fürsorge lassen sich nicht einklagen. Man kann Kinder, denen Verwahrlosung droht, aus der Familie nehmen, die Familie rettet man dadurch nicht.

Geht es also in der Familie darum, das einzuhalten, was alle verbindet und ist ungerecht, was davon abweicht, so geht es im Staat darum, dass alle Bürger die gleichen Chancen haben (Normen erster Ordnung) zu diskutieren und mitzuentscheiden, was auf der zweiten Ebene als gerecht gelten soll. Wie wir Normen erster und zweiter Ordnung haben, so gibt es auch Gerechtigkeit erster und zweiter Ordnung. Es wäre nach den Normen der ersten Ordnung nicht gerecht, wenn einer Gruppe von Bürgern das gleiche Recht auf Meinungs- und Informationsfreiheit versagt würde oder das gleiche Stimmrecht. Wenn nun die Bürger z. B. über ein konkretes Steuerrecht diskutieren und entscheiden, so geht es um eine Entscheidung zweiter Ordnung nach den Regeln der ersten Ordnung.
Gibt es für die Gerechtigkeit auf dieser zweiten Ebene begründbare Kriterien? Eigentlich nur die, auf die sich die Bürger nach demokratischen Spielregeln geeinigt haben, die Antwort ist also tautologisch: Gerecht ist, was alle Bürger, zumindest aber die Mehrheit, als gerecht empfinden. Wir können dies am Beispiel der Steuerprogression oder des Spitzensatzes bei der Einkommensteuer betrachten, wo es ja unterschiedliche Vorstellungen und unterschiedliche Regelungen von Land zu Land gibt. Betonen die einen, dass der Stärkere den Schwächeren unterstützen muss und dass dieser Ausgleich gerecht ist, setzen die anderen darauf, dass niemandem etwas weggenommen werden darf, was er ehrlich, d. h. unter Einhaltung der Regeln, erworben hat. Es konkurrieren also zwei Leitlinien miteinander.

Die eine orientiert sich an der Tauschgerechtigkeit, nach der das gerecht ist, was zwei Verhandlungspartner aushandeln, wenn sie nur nach den eigenen Interessen handeln und den Vertrag freiwillig und ohne betrügerische Absichten schließen. Der Marktpreis gilt als typischer Fall dieser Gerechtigkeit, denn Angebot und Nachfrage gleichen sich bei diesem Preis aus und jeder ist damit einverstanden (wenn auch nicht unbedingt zufrieden, denn der Verkäufer wollte eigentlich mehr haben, der Käufer weniger zahlen). Wer mit dem Preis nicht einverstanden ist, kauft oder verkauft nicht, sondern sucht, ob er ein besseres Angebot findet. Wenn ein Musiker mehr Platten verkauft als ein anderer, verdient er eben mehr und damit wird seine Leistung bezahlt, die einzig darin besteht, dass er den Kunden besser gefällt als sein Konkurrent. Leistung hat ihren Preis und damit auch ihr »gerechtes« Einkommen. Man ist wert, was man anderen auf dem Markte wert ist und unter der Überschrift »Leistungsgerechtigkeit« stoßen diese Vorstellungen sicherlich heute auf einen großen Konsens. Mit welchem Recht sollte hier mit der Steuerpolitik etwas korrigiert werden.

Die Frage stellt sich natürlich nur, wenn wir von der Gemeinschaftslogik absehen und nur von Menschen ausgehen, die nur ihr eigenes Interesse im Auge haben.

Nun kann man sagen, dass eine funktionierende Gemeinschaft und sozialer Frieden selbst als ein sogenannter Standortfaktor angesehen werden können und somit auch den ökonomisch Starken nutzen. Auch können sich die Schwachen fragen, ob noch so viel geleistet würde, wenn sich Leistung nicht mehr lohnt und ob sie nicht dann auch darunter leiden. Das ist dann aber eine Frage der am Nutzen orientierten Klugheit und nicht der Gerechtigkeit.

Bei der Gerechtigkeit geht es letztlich wieder um die Fragen nach den negativen und positiven Pflichten. Negativ kann die Pflicht bestehen, niemanden etwas wegzunehmen, was dieser nach Regeln verdient hat, die alle als verbindlich oder selbst als gerecht ansehen.

Nun kommt die zweite Leitlinie ins Spiel. Positiv könnte auch die Pflicht bestehen, all jenen zu helfen oder sie zumindest zu unterstützen, die schwach sind oder von ihrer sozialen Herkunft benachteiligt sind und zumindest im Sinne gleicher Ausgangschancen einen Ausgleich verdienen. In Familien, unserem Idealtyp einer emotionalen Wertegemeinschaft, tragen die Mitglieder sehr unterschiedlich viel zum gemeinsamen Einkommen bei, das zudem intern nach ganz anderen Maßstäben verteilt wird, bzw. eben nicht verteilt, sondern gemeinsam genutzt oder verbraucht wird. Alle wohnen in derselben Wohnung, essen das gleiche Essen und fahren gemeinsam in den Urlaub. Anders die Beziehungen zwischen den Familien bzw. den Menschen in der Gesellschaft, die sich nach der Tausch- und Vertragslogik und dem Leistungsgrundsatz richten.

Nun zeigt ein Blick auf die Realität in unseren Familien, dass es dort nicht nur familiär zugeht, sondern zunehmend Fragen der gesellschaftlichen Gerechtigkeit eine Rolle spielen, und ein Blick auf unseren Sozialstaat zeigt, dass es bei der Umverteilung durch den Staat nicht nur um die Klugheit geht, die wiederum dem Eigennutz dient, sondern »familiäre« Kriterien zur Anwendung kommen, auch wenn natürlich der grundsätzliche Unterschied bestehen bleibt. Nicht nur theoretisch, sondern auch praktisch kann man die Gerechtigkeit nach Tausch- und Leistungskriterien von der nach Bedarfs- und Gemeinschaftskriterien unterscheiden.

Jede Gesellschaft muss sich auf der zweiten normativen Ebene darüber einigen, was sie an Ungleichheit zulässt und die Regeln dafür aufstellen, und nach den Normen auf der ersten Ebene müssen diese Regeln dann auch für alle gleich sein, oder anders: vor den Regeln sind alle gleich. Arm und reich sind dann moralisch gerechtfertigt, wenn sie nach jenen Regeln zustande gekommen sind, die für alle gleichermaßen gelten und denen sie nach den Regeln der Demokratie auch zugestimmt haben oder zustimmen würden, wenn sie gefragt würden. Nun ist das ein bisschen abstrakt, wir wissen, dass bei aller formalen Gleichheit die Menschen nicht materiell gleich sind. Der oder die eine erbt eine Milliarde, der oder die andere die leeren Flaschen seiner alkoholsüchtigen Eltern, wo bleibt da die Gleichheit? Wir kommen auf einen Teil dieser Problematik noch zurück. An dieser Stelle sollte eine Empfehlung reichen, die von der goldenen Regel abgeleitet wurde: Stimme nur jenen Regeln über die gesellschaftlichen Unterschiede zu, denen du zustimmen würdest, wenn du nicht wüsstest, als wer du geboren wirst. Aber wer fragt sich das und welche Gesellschaft hat er im Auge? Geht es um die ganze Welt, Europa, das eigene Land? Wir müssen also fragen, wer jeweils immer damit gemeint ist, wenn wir Gemeinschaft oder Gesellschaft sagen, aber davon mehr im nächsten Kapitel.

Aber noch eine weitere Problematik sei hier bereits angedeutet. Ist es so, dass sich Gefühl und Gerechtigkeit, Familie und Staat ergänzen oder müssen wir von Konflikten und Widersprüchen ausgehen. Wir loben leicht unseren Freund, wenn er uns bei der Stellungssuche hilft und seine Beziehungen spielen lässt. Wir loben auch Chefs, die ihr Personal nicht kaltblütig nach Profitkriterien austauschen und auch die Kinder ihrer Mitarbeiter bevorzugt einstellen. Wie sieht dies aber aus der Perspektive derer aus, die keine solche Beziehungen haben, sondern sich individuell alle Mühe gegeben haben, sich für diese Arbeitsplätze zu qualifizieren, nun aber nicht zum Zuge gekommen sind? Liebe – um es wieder etwas hochtrabend und allgemein auszudrücken – hält Gemeinschaften und Solidarität zusammen, sie ist in ihrer Selektivität aber ungerecht, im Allgemeinen und im Besonderen, wovon jeder ein Lied singen kann, der sich einen Korb eingehandelt hat (»was hat er/sie, was ich nicht habe?«). Auch im Rettungsboot – es lässt uns einfach nicht los – würden sich die

Familienmitglieder eher unterstützen, sich für einander opfern usw. – gerechter gegenüber den anderen wäre dies sicherlich nicht. Auch die Literatur kennt jene dramatischen Konflikte, in denen es darum geht, ob man Familienmitglieder trotz dieser Verbindung so behandeln muss oder darf, wie jeden anderen, etwa vor Gericht oder im Betrieb. In Kenntnis dieser Konfliktlage hat man den Tatbestand der Befangenheit eingeführt, um die Betroffenen davor zu bewahren und zu viel Verwandtschaft in der Arbeitswelt hat immer einen Beigeschmack.

Und die Moral von der Geschichte? In der Familie sind alle gleich, weil sie ungleich behandelt werden, in gesellschaftlicher und wirtschaftlicher Beziehung sind alle ungleich, weil sie gleich behandelt werden und in der Politik müssen sich alle als gleich behandeln, damit sie über Ungleichheit beraten und abstimmen können.

4 **Wir und die anderen, das Boot ist voll.**
  Wer gehört denn nun alles dazu?

Wir haben bislang immer von Gemeinschaften und ihren Mitgliedern gesprochen, mal von Familien, mal von Staaten oder sehr allgemein von Gesellschaft. Das letzte Kapitel und seine Moral hat nun endgültig die Frage aufgeworfen, wonach sich die Mitgliedschaft nun richtet und wer jeweils dazu gehört. Die Regeln der Demokratie richten sich an die Bürger eines Staates und enden auch dort. Die Regeln des Tausches sind eher grenzenlos und können alle einbeziehen, die miteinander zu ihrem jeweiligen Eigennutz freiwillig tauschen möchten, die emotionalen Bindungen können sich erfahrungsgemäß nur auf wenige im sozialen Nahbereich (trotz gelegentlicher weiter geographischer Entfernung) erstrecken.

Würde man sich um die einzelnen Menschen konzentrische Kreise vorstellen, so wäre der engste der Bereich der emotionalen Beziehungen, Familienmitglieder, Freunde usw. Die Grenzen sind allerdings fließend. Wenn man aufgefordert wird, einem Familienmitglied in der Not unter die Arme zu greifen, kommt hie und da schon mal ein Zweifel darüber auf, wie nah es einem steht und ob man ihn nicht lieber als einen normalen anderen behandeln will. Sozialstaatliche Solidarität, also ein schon abgeschwächtes Zusammengehörigkeitsgefühl, beziehen wir heute auf den Nationalstaat und tun uns da schon schwer genug. Auch haben die verschiedenen Staaten sehr unterschiedliche Ausprägungen des Sozialen gefunden. Man kann den finsteren Verdacht hegen, dass das Wir-Gefühl und die Solidarität um so stärker ausgeprägt sind, als auch die religiöse, ethnische oder nationalistische Komponente entwickelt ist und damit auch die Ausgrenzung all derer, die nicht dazugehören. Jene, die heute am lautesten bekunden, dass sie stolz sind, Deutsche zu sein, schreien auch am lautesten: Ausländer raus. Ob Europa mehr sein wird, als ein gemeinsamer Markt oder auch eine gemeinsame Sozialpolitik entwickelt, steht noch dahin. Eine solche wird sicherlich unterhalb des Niveaus derer einzelner Länder bleiben und sich entsprechend auf Minimalstandards beschränken.

Die Globalisierung schließlich zeigt uns, dass nach reinen Marktkriterien im Prinzip alle Menschen dieser Welt in die wechselseitigen Wirtschaftsbeziehungen einbezogen werden können und die Frage ist nur, warum dies nicht schon immer geschehen ist. Das hat natürlich etwas mit den Informations- und Transportwegen zu tun, in erster Linie aber mit der Tatsache, dass sich die wirtschaftlichen Aktivitäten erst langsam aus den gemeinschaftsbildenden Strukturen befreit haben. Tausch und Konkurrenz zwischen beliebigen Menschen, die nicht der eigenen Gemeinschaft, sei es eines Stammes, einer Stadt, einer Region oder eines Landes, angehören, ist im heutigen Ausmaß eine moderne Entwicklung, die auch noch gar nicht konsequent zu ihrem Ende gekommen ist und viele Gegner hat.

Unsere Solidarität nimmt mit der Entfernung der konzentrischen Kreise ab. Das arbeitslose Familienmitglied wird noch selbstverständlich (naja, oft jedenfalls) einfach mitversorgt (und macht sich im Gegenzug noch nützlich, naja, oft jedenfalls). Für den arbeitslosen deutschen Mitbürger zahlen wir immerhin nolens volens Versicherungsbeitrag und Steuern (und das war´s dann auch) für die Arbeitslosen anderer Länder sind diese Länder zuständig, wie schlecht es ihnen auch immer gehen mag und das Schicksal der meisten der sechs Milliarden Menschen ist uns von den Ausnahmefällen einzelner Katastrophen (das könnte zur Not auch uns passieren) abgesehen weitgehend egal. Es gilt der Satz: Wer durch den täglichen Terror der Fernsehbilder über Elend und Gewalt rund um den Globus nicht zum Terroristen wird, wird zum Voyeur.

Wird es materiell eng, werden die potentiellen Hilfesuchenden nach der Reihenfolge der konzentrischen Kreise aussortiert. Das Boot ist voll, heißt es so schön und die Parallelen zum Rettungsbootdilemma sind nicht zufällig. Im Gegensatz zu unserem Gedankenexperiment ist meist mehr oder weniger klar, wer aussteigen muss oder erst gar nicht reingelassen wird. Nicht alle Menschen sind oder werden Brüder und man unterscheidet bei der Zuwanderung nach Menschen, die wir brauchen und solchen, die uns brauchen, oder im tagespolitischen Jargon: wer uns nutzt und wer uns ausnutzt. Das ist im Einzelfall natürlich oft nur schwer zu entscheiden, die moralische Grundlage der Nutzenorientierung aber ist klar.
Sie wird häufig genug gerade moralisch kritisiert und dahinter steht in der Tat eine Variante des Rettungsbootdilemmas. Es ist einerseits klar, dass die Aufnahme aller, die in Not sind, von keinem Land geleistet werden kann, und es ist auch unter praktischen Gesichtspunkten sehr die Frage, ob dies nicht kontraproduktiv wäre. Die Geschichte der internationalen Hilfe und die Problematik der Hilfe zur Selbsthilfe hat neben ihrer moralischen Seite (was kümmert mich das?) auch eine negativ-praktische (was nutzt dies letztlich?).

Andererseits ist die Zurückweisung eines berechtigten Hilfeersuchens immer auch ein Verstoß gegen die positive Verpflichtung zur Hilfe. Dieses Dilemma muss in der Politik immer wieder neu gelöst werden, wobei schon viel erreicht wäre, wenn zumindest die negativen Pflichten eingehalten würden, die für Not und Elend verantwortlich sind, und es nach internationalem Recht verbieten, andere zu unterdrücken, auszubeuten oder auch nur zu diskriminieren.

Die bisherige Geschichte ist die einer Ausdehnung der sozialen und ökonomischen Räume, innerhalb derer immer mehr Menschen in nutzenori-
entierten Kontakt miteinander treten. Dies war auf friedlichem Wege immer nur dann möglich, wenn man wechselseitig die Normen erster Ordnung anerkannt hat, sie sind auch die Basis des friedlichen Austausches
von Waren und Dienstleistungen. Man muss dazu lediglich die negativen
Pflichten anerkennen und einhalten. Dies ist im Übrigen im Vergleich
zum Wege der gegenseitigen Unterdrückung und Bekämpfung bereits ein
Fortschritt. Die Normen und positiven Pflichten der engeren Gemeinschaften, die als solche noch ein Wir-Gefühl entwickeln und bewahren
konnten, verblassen dagegen und lassen sich nicht ohne Weiteres auf immer mehr Menschen ausdehnen. Wir stehen damit vor dem moralischen
Problem, einerseits die friedliche Kooperation und Mobilität von immer
mehr Menschen zu begrüßen und damit andererseits die Basis für die
positiven Pflichten zu schwächen. Setzen wir dagegen auf die positiven
Pflichten und die wechselseitige Solidarität, so überfordern wir uns damit entweder, wenn wir die ganze Welt im Auge haben, oder wir setzen
auf partikulare Gemeinschaften und schließen damit die jeweils anderen
aus.

*Und die Moral von dieser Geschichte? Wer Wir zu sich sa-
gen kann und Solidarität übt, schließt immer auch Andere
davon aus, solange er nicht mit Wir alle Menschen dieser
Welt meint. Dies ist allenfalls im Sinne der negativen
Pflichten und Menschenrechte möglich, die positiven können sich realistischer Weise nur auf partikulare Gemeinschaften beziehen und setzen diese damit voraus. Es er-
gibt sich zudem die Frage, ob es nicht eine andere positive
Basis für das Zusammenleben gibt als die reine Nutzenorientierung ohne positive Pflichten einerseits und das Gefühl der Gemeinschaft andererseits, das immer andere
ausschließt.*

5   **Hugo und die Frage: Was ist der Mensch?**

Von der Frage, wer zu einer Gemeinschaft gehört und wer nicht, und nach der Frage, was vielleicht alle Menschen verbindet, führt der Weg zur Frage, wer als Mensch gilt. Dies scheint eine absurde Frage, denn wir wissen dies ja sehr genau. Die Normen erster Ordnung verbieten uns zudem, die Menschen bezüglich ihrer Rechte in verschiedene Klassen einzuteilen oder in eine Rangordnung zu bringen. So selbstverständlich ist dies allerdings nicht. Dass alle Menschen irgendwie gleich sind und unseren Respekt verdienen, lag offensichtlich immer schon so nahe, dass man Grausamkeiten gegenüber anderen Menschen nur dadurch rechtfertigen konnte, dass man sie zu Nicht-Menschen oder zu Unter-Menschen oder solchen niedrigeren Ranges erklärte. Alle Sklavengesellschaften haben dies getan, alle Rassisten tun dies und auch Frauen erleiden bis heute hier und dort noch dieses Schicksal. Nun haben wir mit dieser Dimension mittlerweile zumindest theoretisch kein Problem mehr.

Etwas anders ist dies schon bei der Frage der Kinder. Ihnen werden bis zu einem gewissen Alter nicht alle Rechte zugestanden. Wenn wir von Menschen sprechen, meinen wir meist den mündigen Erwachsenen und damit ist das Problem schon benannt: Wie behandeln wir die Unmündigen und mit welchem Recht und nach welchen Kriterien bestimmen wir, was Mündigkeit ist? Dass Neugeborene noch nicht mündig sind, versteht sich von selbst, schwieriger ist schon die Frage, wann und warum ein Erwachsener entmündigt werden kann oder muss. Unabhängig wie diese Fragen nun formal geregelt sind, ab welchem Alter Jugendliche mündig werden und wie der Prozess einer eventuellen Entmündigung geregelt ist, die Frage der Mündigkeit ist von entscheidender Bedeutung für die Frage, was einen Menschen ausmacht. Nur mündigen Menschen sprechen wir alle Rechte und Pflichten zu, die normativ auf der ersten und zweiten Ebene geregelt werden. Nur von Mündigen verlangen wir aber auch, dass sie Verantwortung für ihre Handlungen übernehmen.

Eine Reihe von Rechten gilt aber auch für unmündige Menschen, auch Säuglinge dürfen nicht getötet, verletzt oder gequält werden. Sie haben ein Recht auf eine gesunde Entwicklung und auch in vielen vermögensrechtlichen Fragen sind sie schon Erwachsenen gleichgestellt, auch wenn sie ihre Rechte noch gar nicht selbst einklagen können oder ihre Angelegenheiten noch nicht selbst regeln können und auf vormundschaftliche Betreuung angewiesen sind.
Zwar mag sich ein Neugeborenes von seinen aktuellen Fähigkeiten kaum von einem Tier unterscheiden, als potentieller Mensch ist es dennoch mit den Grundrechten eines Menschen ausgestattet. Ähnliches gilt für Men-

schen, die nicht mehr in der Lage sind, für sich zu entscheiden und die im Extremfall nur noch physiologisch am Leben gehalten werden. Koma-Patienten, auch solche, von denen feststehen würde, dass sie nie mehr zu Bewusstsein kommen werden, sind analog zu den Neugeborenen Träger von Grundrechten und müssen auch so behandelt werden. Dies war im Übrigen nicht immer so und der medizinische Fortschritt hat nicht nur die Grenze zwischen Leben und Tod, sondern auch die Definition von Leben erschwert, wie die Diskussion über den Tod von Organspendern zeigt.

Die schwierigsten Fragen ergeben sich aktuell jedoch bei der Frage der Rechte von ungeborenem Leben. Auch dies ist Leben, das sich kurz vor und nach der Geburt rein physiologisch kaum von dem von Tieren unterscheiden lässt, dennoch machen unsere Moral und auch unsere Gesetze hier einen grundsätzlichen Unterschied. Die Abtreibungsdebatte hat gezeigt, wie schwierig es ist, hier einen Konsens darüber zu erzielen, ab wann wir von einem Menschen sprechen können und damit auch von der Verletzung seiner Rechte. Die Vorschläge für die Schwelle zum menschlichen Leben reichen vom Geburtsakt, über verschiedene Entwicklungsphasen des Fötus, die Herausbildung spezialisierter Zellen bis zum Zeitpunkt der Vereinigung der männlichen Samenzelle mit dem weibliche Ei oder dessen Einnistung. Gerade diese frühen, von außen überhaupt nicht zu beobachtenden Entwicklungsphasen sind erst mit der Entwicklung des Human-Genom-Projektes (abgekürzt: Hugo) praktisch relevant geworden, weil sich damit Fragen der Embryonenforschung oder des therapeutischen Klonens verbinden.

Es gibt noch keinen Konsens über die Abgrenzung und zwischen den einzelnen nationalen Gesetzen bestehen große Unterschiede. Nach der Vertreibung aus dem Paradies bleibt dies vielleicht unsere größte Aufgabe überhaupt, die Grenze zwischen uns als Menschen und allem anderen zu ziehen. Immerhin beschreibt diese Grenze auch die Grenze des Verhältnisses zu unserer Umwelt. Was ist nur Umwelt, in und von der wir leben, und wer oder was sind gleichberechtigte Geschöpfe, die wir nicht nur als Mittel, sondern zugleich auch als eigenständige Zwecke und so gesehen als gleichberechtigt behandeln müssen.

Einige moralische Positionen sehen die Ausdehnung der Menschenrechte auf Tiere, zumindest solche höherer Art, also unseren engeren Verwandten, vor. Sie werden meist mit dem Argument mangelnder Mündigkeit oder Kommunikationsfähigkeit zurückgewiesen, jenen Kriterien, die die Normen erster Ordnung implizieren und die von allen geteilt werden müssen, auf die sie auch Anwendung finden sollen. Dennoch scheinen die Vorschläge nicht gänzlich absurd. Tierquälerei ist strafbar und Tierquälern unterstellen wir eine feindselige und aggressive Grundeinstellung, der wir auch als Menschen nicht gerne ausgesetzt wären. Es hat sich deshalb der Vorschlag weitgehend durchgesetzt, die Leidensfähigkeit (zumindest die erkennbare) zu einem Kriterium zu machen, an das sich ganz bestimmte Rechte anschließen. So kann auch ein liebevoller Freund seines Hundes mit gutem Gewissen jene Stechmücke erschlagen, die ihm neben ausführlichstem Stechen auch noch den Schlaf geraubt hat. Aber das Problem der Abgrenzung bleibt dennoch. Ethische Vegetarier denken hier anders als leidenschaftliche Fleischfresser und es lohnt sich allemal, auf die innere Stimme zu hören, wenn man an das Töten von Tieren denkt, um die eigene moralische Sensibilität nicht der Arbeitsteilung zu opfern, nach der die einen töten und schlachten, die anderen aber nur essen.

Aber das Genom-Projekt und die Möglichkeit des Eingriffes in die Keimbahn hat noch ein weiteres moralisches Problem erzeugt. Wir haben ja schon gesehen, dass die Menschen in der Sozialisation zu Gemeinschaftsmitgliedern gemacht werden, auch wenn sie dabei zugleich auch lernen, kritische Fragen an die Gemeinschaft zu stellen und selbst die Gemeinschaft zu prägen. Darf eine Gemeinschaft aber auch soweit gehen, sich nach genetischen Kriterien ihre Mitglieder auszusuchen oder zu gestalten? Bislang waren sie immer gezwungen, sich mit dem Lotteriespiel der Natur auseinander zu setzen. Ob groß und klein, ob schön oder hässlich, ob schlau oder dumm, es wurde hingenommen und damit umgegangen. Manche Gemeinschaften haben hier auch selektiert und manche auch versucht, Menschen nach ihrer Idealvorstellung, meist »Herrenmenschen«, zu züchten. Dahinter steht immer eine Verletzung der Gleichberechtigung aller potentiell kommunikationsfähigen Menschen. Positiv gesehen, ergäben sich mit den Eingriffen in die Genstruktur natürlich die Möglichkeiten, physische Beeinträchtigungen der Kommunikationsfähigkeit zu vermeiden (Vermeidung von geistigen Behinderungen), negativ stehen wir vor der Horrorvision einer möglichen Sklavengattung eingeschränkt kommunikationsfähiger Wesen, die willig zu Diensten sind und sonst keine Ansprüche auf Partizipation und Gerechtigkeit stellen. Zwischen diesen Polen schwankt die aktuelle Diskussion. Die skeptische Warnung, der Mensch solle nicht Gott spielen, zeigt, dass wir mit diesen technischen Möglichkeiten durchaus wieder ins Paradies zurückwollen und mehr: wir müssen nicht nur mit uns als ungewolltes Ergebnis der Evolution umgehen, sondern wir könnten die Evolution in ihrem Kern selbst in die Hand nehmen. Wir gestalten zwar nicht uns, wir bleiben, wer wir sind, aber zukünftige Generationen nach unserem Plan. Wir täten dies nicht nur über Sozialisation, dies bedeutet immer auch durch das Potential an Mündigkeit, das wir selbst erreicht haben, sondern durch die Genstruktur, die kommunikativ nicht mehr zugänglich ist, Kommunikationsfähigkeit aber auch nicht nur beschränken, sondern auch ausbauen kann.

Und die Moral von dieser Geschichte? Nicht zuletzt Fortschritte in Wissenschaft und Technik haben uns an den Grenzen zwischen Leben und Tod neue moralische Probleme beschert, die mit der ansonsten sehr abstrakten oder trivialen Frage verbunden sind, was einen Menschen zum Menschen macht. Die Vertreibung aus dem Paradies betraf zwei Menschen, denen zugemutet werden konnte, gut und böse zu unterscheiden, manche können dies noch nicht, manche können dies nicht mehr, aber auch sie wurden mit vertrieben. Die neuen Möglichkeiten der Gentechnik eröffnen zudem, uns nicht nur als moralische Wesen kommunikativ zu entwickeln, sondern auch als biologische »technisch« zu erzeugen.

D   VOM UMGANG MIT DER MORAL

1   Gibt es böse Menschen?

Die Antwort fällt uns zunächst leicht: natürlich. Hitler und Stalin dürften, sieht man einmal von den Erzschuften der Bondfilme, die nach der Weltherrschaft streben, einmal ab, die Rangliste anführen. Die Realität scheint diese Fiktionen allerdings einzuholen, zumindest bietet es sich an, die Realität so zu interpretieren. Zu dieser Rangliste gehören aber auch kleinere Diktatoren, vor allem dann aber auch Mörder, Diebe usw. Wir selber gehören natürlich nicht dazu, böse Menschen sind immer die anderen.

Die Antwort fällt uns schon sehr viel schwerer, wenn wir uns fragen, ob die bösen Menschen sich selbst auch als böse empfinden, ob es also einen Konsens zwischen allen Beteiligten darüber gibt, wer gut oder böse ist. Wenn wir ehrlich sind, dann haben wir in unserem Leben durchaus Momente erlebt, wo wir uns dabei ertappt haben, etwas Böses gedacht oder auch getan zu haben. Wir empfinden dabei Scham, ein Gefühl, das uns signalisiert, dass wir gegen eigene Normen verstoßen haben. Signalisiert uns körperlicher Schmerz, dass unser leibliches Wohl gefährdet ist, so ist die Scham ein Zeichen dafür, dass unser Zusammenleben Schaden leidet. Scham ist sozusagen der Schmerz auf der Ebene des Lebens höherer Ordnung.

Wenn wir uns schämen, dann nehmen wir auch nicht zu irgendwelchen Ausreden oder Rechtfertigungen Zuflucht, sondern nehmen uns vor, dies nie wieder zu tun. Sind wir deshalb böse? Nein, wir sind aber Menschen, die den Unterschied von gut und böse kennen und die nicht grundsätzlich dagegen gefeit sind, auch etwas Böses zu tun. Wäre dies nicht so, bräuchten wir die Unterscheidung praktisch nicht.

Wie steht es aber mit Hitler? Er hat sich sicherlich nicht geschämt, sondern war der festen Überzeugung, ein guter Mensch zu sein. Sollte er sich dennoch dann und wann geschämt haben, dann aus Anlässen, die den unseren ähnlich waren und nichts mit dem zu tun hatten, weshalb wir ihn als böse bezeichnen. Auch er hat sicherlich mal seine Partner und Freunde belogen, aber dies würden wir ihm noch am ehesten verzeihen. Für sein allgemeines Selbsturteil diente ihm und seinen Anhängern seine Ideologie, nach der es eben edlere Rassen gibt und diese das Recht haben, sich durchzusetzen und alles zu unternehmen, sich gegen ihre Feinde zu verteidigen und wegen deren verbrecherischen Zielsetzungen auch zu vernichten.

Es fällt uns nicht schwer, diese Ideologie als Verletzung der Normen erster Ordnung zu erkennen und damit als böse zu bezeichnen. Es handelt sich dabei also nicht um Normen zweiter Ordnung, auf die man sich einigen kann oder auch nicht, es gibt bei der moralischen Beurteilung der Nazi-Ideologie also kein Problem. Interessant ist aber, dass die Taten der Nazis überhaupt einer solchen Ideologie bedurften, also einer Rechtfertigung. Hitler fühlte sich im Recht, er wandte also eine moralische Kategorie an und wenn man dieses Recht anerkannte, und dies taten er und seine Anhänger, dann folgte daraus, dass alles das gut war, was dieses Recht verteidigte und durchsetzte. Untereinander ließen die Nazis wiederum eine Moral gelten, die sie anderen gegenüber verneinten. Unter sich blieb Verrat Verrat, und die Verletzung dieser Normen gegenüber anderen konnte nur dadurch gerechtfertigt werden, dass die anderen keine Menschen oder nur Menschen minderen Wertes waren, für die diese Normen deshalb auch nicht gelten konnten. Gleiches galt für Gruppen und Individuen, die zwar rassemäßig dazugehörten, aber die Interessen dieser Rasse verraten hatten und damit, wenn auch im Namen der Normen erster Ordnung, die Rechte der höheren Rasse verletzten und damit auch bekämpft werden durften.

Schwieriger als beim offenen Rassismus liegen die Dinge bei Stalin und dem, was man unter der Diktatur des, oder besser: über, das Proletariat versteht. Die Basisidee wurzelte gerade in der Verteidigung der Normen erster Ordnung gegenüber den autoritären Gesellschaften und undemokratischen Staaten des 19. Jahrhunderts und machten ihre Durchsetzung zum Ziel der Diktatur. Das Böse liegt also weniger im Ziel, sondern in der Annahme, dass dieses Ziel die Mittel heiligt und das Wohl der Menschen auch gegen deren Willen durchgesetzt werden kann und muss. Abgesehen davon, dass es diese Konstellation war und ist, die dem Kommunismus lange und teilweise bis heute, die Zustimmung vieler »Moralisten« und Intellektueller gesichert hat, die an der Geltung der Normen erster Ordnung festhalten, haben wir es mit einer, auch im Alltag immer wieder auftauchenden Problematik zu tun, eben der Frage, welche Zwecke welche Mittel rechtfertigen.
Dass ein hoher Zweck auch die Verletzung von Regeln legitimiert, ist eine weitverbreitete Ansicht und nicht von der Hand zu weisen. Niemandem wird vorgeworfen, wenn er zur Verteidigung seines Lebens zum Mittel der Lüge greift oder in Notwehr selbst zur Gewalt greift. Man wird auch vom Hungertod Bedrohten schwerlich vorwerfen, wenn sie bei der Nahrungsbeschaffung Eigentumsrechte verletzen. Eher wird man schon dem Eigentümer unterlassene Hilfe vorwerfen. In diesen Extremfällen wird nur deutlich, dass die Regeln dem Leben dienen und nicht umgekehrt.

Aber das Leben besteht nicht nur oder sogar eher nur in Ausnahmefällen aus solchen Fällen, auch wenn diese in der Moraldiskussion eine wichtige Stellung einnehmen. Man wird immer von den Betroffenen verlangen können, dass sie zuerst nach Möglichkeiten suchen müssen, ihre berechtigten Interessen, im Extremfall das Leben, auf regelkonforme Weise durchzusetzen. Dies ist aber oft der beschwerlichere Weg und unser Alltag ist voll von Situationen, wo wir es mit den Regeln nicht so genau nehmen, weil wir von unserm Recht oder der Rechtmäßigkeit unserer Ziele überzeugt sind, aber nicht warten wollen oder können, bis die Regeln dies auch anerkennen.

Da der laxe Umgang mit den Regeln meist die Rechte anderer verletzt, sehen die negativ Betroffenen die Sache natürlich anders. Vielfach prüfen wir auch nicht selbstkritisch genug, ob unsere Ziele wirklich so über jeden Zweifel erhaben sind, so dass neben der stalinistischen Zweck-Mittel-Problematik immer auch ein hitlersches Zielrechtfertigungsproblem mitschwingt. Hitler und die Frage, was darf ich?, und Stalin mit der Frage, welche Mittel darf ich dazu einsetzen?, spielen also auch in unserem Alltag immer eine Rolle.

Mit Hitler ist aber noch ein weiteres Problem verbunden. Viele seiner alten und neuen, seiner heimlichen und klammheimlichen Anhänger bestreiten (mittlerweile, kommt Zeit kommt Rat) gar nicht, dass der Antisemitismus und Auschwitz ein Verbrechen gegen die Menschheit darstellten, fühlen sich aber von der Idee der Volksgemeinschaft nach wie vor stark angezogen. Sie gab Halt und Identität, sorgte für Solidarität nach innen und mobilisierte viele Energien für gemeinsame Ziele. Mit Hitler ist nicht nur die Frage nach der Legitimität der Ziele verbunden, sondern auch die nach der Funktion von Gemeinschaft und vor allem die Frage: War der Faschismus nur die Extremvariante aller Gemeinschaften, die integrierend nach innen und ausschließend nach außen sind oder lassen sich Gemeinschaften ohne diesen Makel denken? Es ist nicht zuletzt für uns die Erfahrung mit dem Faschismus, die dem Wort Gemeinschaft einen ambivalenten oder sogar negativen Beigeschmack geben, und wer heute von einer Werte*gemeinschaft* spricht, setzt sich leicht dem Verdacht aus, an diese Tradition anknüpfen zu wollen.

Eine weitere Facette dieses Problems ist die Rede vom »Reich des Bösen« oder der Rede von den Guten und den Bösen als der Grenzziehung in Konflikten zwischen sich wechselseitig ausschließenden Gemeinschaften. Fast alle Mittel werden dann gerechtfertigt, es geht schließlich ums Ganze. Dies hat meist mehr mit Selbstgerechtigkeit als mit Gerechtigkeit zu tun und kennt als Lösung nur die Vernichtung des Gegners. Das Böse oder die Bösen können aber nicht vernichtet werden, es käme einer Selbstvernichtung gleich und verkennt den Charakter des Bösen. Was es zu verteidigen gilt, ist vielmehr eine Ordnung, in der Konsens über Gut und Böse möglich wird und in der ein angemessener Umgang mit Normverletzungen möglich ist.

Neben dem gegenseitigen Ausspielen von Zwecken und Mitteln oder der Legitimation der Zwecke selbst, spielt im moralischen Alltag noch die Konkurrenz von Normen, vor allem von denen erster mit denen zweiter Ordnung, einer Rolle. Der viel geschmähte Sozialschmarotzer, jener Mitbürger, der souverän mit dem Wirrwarr sozialstaatlicher Regelungen umgeht und nicht nur regelkonform seine Leistungen erhält, wird sich leicht auf die Ungerechtigkeit der Welt berufen können und sein sozialstrukturelles Pendant auf der Sonnenseite der Gesellschaft wird sich bei seinen Steuerfluchten und Bilanzfälschungen gerne darauf berufen, dass dieser Staat die Fleißigen bestraft und er ein Recht hat, sein wohlverdientes Einkommen vor dem Zugriff der faulen Sozialneider zu sichern. Als Ziel wird von beiden Gerechtigkeit angegeben und sie verletzen nur Regeln zweiter Ordnung, die dieses Ziel beeinträchtigen. Beide haben vielleicht ein schlechtes Gewissen, weil sie wissen, dass man ungerechte Regeln auf demokratischem Wege verändern muss, wenn man will, sie aber nicht individuell brechen darf. Aber dies ist ein »Verbrechen« gegen ein bloßes Verfahren, nicht aber gegen das Gute selbst, die Gerechtigkeit. Ein harmloses Beispiel für diese Art der Regelverstöße sind die meisten Verstöße gegen die Verkehrsregeln. Vor allem Geschwindigkeitsbegrenzungen werden als formal betrachtet und man richtet seine Geschwindigkeit danach, ob man sich sicher fühlt und kein Risiko für sich und andere eingeht. Man verlässt sich lieber auf das eigene Gefühl als auf eine formale Regel. Aber gerade wegen der Harmlosigkeit (die meist gar nicht gegeben ist, wenn man die Unfallzahlen betrachtet), kann man hier diskutieren, ob und warum Regeln eingehalten werden müssen, die einem nicht einleuchten oder vermeintlich gegen höherwertige Regeln und Ziele verstoßen. Die strikte Einhaltung von Regeln gilt leicht als bürokratisch, ja teilweise pathologisch-obrigkeitshörig und ist in einigen Fällen geradezu auch kontraproduktiv. Viele Witze über Bürokratien aber auch Dramen über Gewissenskonflikte leben davon.

Das darf nicht darüber hinwegtäuschen, dass es nicht dem Einzelnen überlassen werden kann, Regeln nach seinem Belieben – und das heißt immer auch: nach seinen Interessen – auszulegen, zu umgehen oder gar zu brechen. Vermutlich tun wir alle dies immer wieder, vermutlich haben wir aber auch ein Gespür dafür, was von den anderen als Regelverletzung akzeptiert wird, was also als »flexibler« und problembezogener Umgang mit Regeln und Normen auf Konsens stößt. Dieses Gespür ist nichts anderes als das Bewusstsein, dass die Regeln nicht vom Himmel gefallen sind und dogmatischen Gehorsam verlangen, sondern auf Vereinbarungen beruhen, die im Konsens zwischen den Partnern auch geändert oder auch unterhalb dieser Schwelle, flexibel angewandt werden können. Ist ein solcher Konsens aber nicht gegeben, ist die strikte Einhaltung von Regeln sicherlich die friedenstiftendere Lösung und damit wiederum ein Wert an sich.

Was für die Einhaltung der Regeln gilt, gilt verschärft bei den Zielen. Wer sich auf das Oberziel Gerechtigkeit beruft, wenn er Regeln sehr, vielleicht auch allzu flexibel anwendet, übersieht im eigenen Interesse leicht, dass es vielleicht gar keinen Konsens darüber gibt, was gerecht ist und Gerechtigkeit nur durch die Regeln definiert ist, die umgangen werden sollen. Die Ausrede, ja nur letztlich wieder die Gerechtigkeit (zum eigenen Vorteil) im Auge zu haben, wenn man Regeln umgeht oder bricht und sich nur verschafft, was einem moralisch zusteht, zeigt einerseits, dass man auch für sich eine moralische Rechtfertigung sucht, sich anderseits vor der Aufgabe, einen Konsens darüber zu suchen, drückt.

Es stellt sich die Frage, warum es oft so schwierig ist, einen Konsens zu erzielen. Gesellschaften sind nicht irgendwann von gleichberechtigten Menschen gegründet worden, die sich auf gemeinsame Regeln geeinigt haben. Gesellschaften sind historisch gewachsen und schleppen die Strukturen und Probleme ihrer Geschichte mit sich herum, einer Geschichte, die auch aus Unterdrückung und Ausbeutung bestand. Soziale Ungleichheiten gehören zu diesem Erbe. Es gab keinen Punkt null, an dem alle als Gleiche anfingen und sich dann erst differenziert haben. Auch Schichten, Klassen und Individuen haben ihre Geschichte und ihr soziales Erbe. Menschen, die sich in einer Gesellschaft keine Chancen ausrechnen können, identifizieren sich weniger mit den Regeln dieser Gesellschaft, die sie nicht beachtet und nicht braucht. Es ist schon eher erstaunlich, wie wenig Konflikte es gibt, wie wenig Kläger hier nach einem Richter rufen. Es ist hier nicht der Ort, über die Gerechtigkeit unserer Gesellschaft zu urteilen. Es ist aber der Ort, auf das Problem für jede Moral hinzuweisen, die auf Konsens beruhen will und muss und dieser dadurch erschwert wird, dass es immer ein unmoralisches Erbe gibt.

Bleibt übrig, sich mit einem schwierigen Grenzfall zu beschäftigen. Die Wogen der öffentlichen Empörung über das Böse gehen am höchsten nicht bei den Verletzungen von Gerechtigkeit, sondern bei Triebtätern, vor allem solchen, die sich an Kindern vergreifen und sie töten. Sie scheinen die Verkörperung des Bösen zu sein. Man spricht von ihnen als Monstern und drückt damit aus, dass man sie aus der Gemeinschaft der Menschen ausschließt. Damit würde man sie allerdings auch aus dem Kreis jener ausschließen, die gut und böse unterscheiden können, worauf ja schon der Begriff Triebtäter hinweist. Damit wären diese Menschen also nicht böse, sondern mit ihren unbeherrschbaren Trieben jenseits von gut und böse. Die vorherrschenden Reaktionen und die Wut zeigen aber etwas anderes. Rache und Hass dominieren und es scheint etwas bekämpft zu werden, was man doch unter moralische Begriffe fasst. Nun haben Rachegefühle und Strafbedürfnisse nicht nur moralische Gründe, sondern sind selbst unter moralischen Kriterien kritisierbar, aber das ist die eine Sache.

Die andere ist, dass die Geschichte solcher Gewalttäter oft zeigt, dass sie selbst Opfer von Gewalt, zumal als Kinder, waren. Hinter ihrer Tat stehen soziale Erfahrungen, die allerdings in einer fatalen Weise in »Fleisch und Blut« übergegangen sind, dass sie sich einer Bearbeitung unter moralischen Gesichtspunkten weitgehend entziehen. Auch die Hassgefühle vieler dieser Täter sind nicht angeboren, sondern das Ergebnis sozialer Erfahrungen. Auch sie fühlen sich irgendwie im Recht, sich etwas zurückzuholen oder zurückzugeben, was ihnen genommen oder angetan wurde. Die Wut über das »Monster« verdeckt die schmerzlichere Analyse jener Teile in unserer Gesellschaft, in der dies entstehen konnte und für die man durchaus sich auch mitverantwortlich fühlen könnte oder sogar müsste. Es ist leichter, hinter dem Bösen einen Einfall der vormoralischen Triebnatur in unser moralisches Leben zu sehen, als das Böse als das zu sehen, was es ist: als Bestandteil unseres Lebens nach der Vertreibung aus dem Paradies, für das wir selbst verantwortlich sind. Der Trieb jenseits von gut und böse kann im strengen Sinn eigentlich nicht für Menschen gelten, das zeigt die schon erwähnte Reaktion auf den »Triebtäter«, der Mensch muss und kann mit seiner Natur anders umgehen als der Rest der Natur.

Was lehrt uns diese Geschichte? Es gibt keine böse Menschen und kein Reich des Bösen, auch wenn diese einen hohen Unterhaltungswert besitzen. Alle Menschen wollen gut sein und sie denken und handeln in einem System, das ihnen dies garantiert. Wir sind aber weit davon entfernt, ein gemeinsames System zu haben und wir sehen uns deshalb auch immer wieder wechselseitig als böse an. Die Normen erster Ordnung sind der Versuch eines solchen Systems, in dem dann auf der zweiten Ebene Vereinbarungen getroffen werden können, die zwar nicht unbedingt den Konsens aller, aber doch deren Respekt und Befolgung erreichen können. Dies setzt die selbstkritische Hinterfragung der eigenen Ziele und Vorstellungen voraus. Wer sich nicht selbst zur Debatte stellt, kann dies auch nicht von anderen verlangen. Ohne diese Selbstinfragestellung sind aber konsensuale Vereinbarungen und Berufungen auf die Normen erster Ordnung nicht möglich. Vielleicht ist diese Unwilligkeit oder Unfähigkeit dazu das eigentliche Böse, weil es die Weigerung ist, sich auf das Geschäft der Unterscheidung von gut und böse bei sich selbst ernsthaft einzulassen. Man selbst will im selbstbestimmten Paradies bleiben, es sollen nur die anderen gehen. Wir alle sind aber nicht mehr im Paradies, wir können dementsprechend auch alle gut oder böse sein.

2   Gibt es gute Menschen?

Es fallen einem jedenfalls die üblichen Namen ein, Albert Schweizer, der Urwaldarzt, Mutter Theresa und all die, von denen es heißt, sie hätten ihr Leben den Notleidenden gewidmet und nicht an ihr eigenes Glück gedacht. Fragt man sich und andere danach, wer das eigene Idol oder Vorbild ist, dann werden diese Menschen wohl kaum genannt. Alters- und geschlechtsspezifisch kommen hier wohl eher bekannte Sportler, Künstler, Geschäftsleute usw. in Frage, also die erfolgreichen, selten die guten Menschen. Erstaunlicherweise fallen die Urteile »moralisch gut« und »erfolgreich« auseinander und es erhebt sich sogleich die Frage, ob gute Menschen nicht erfolgreich und erfolgreiche Menschen nicht gut sein können. Wir kennen alle den Spruch, dass jemand zu gut für dieses Leben ist, was meist als Begründung für seine Erfolglosigkeit herhalten muss, und umgekehrt trösten wir uns bei unserem Neid auf den Erfolg der anderen damit, dass dieser Erfolg sicherlich auf krummen Wegen erzielt worden ist und das wahre Glück so ohnehin nicht erreicht werden kann.

Dahinter steckt natürlich ein tieferes moralisches Problem.
Menschen, die wir als gut bezeichnen, haben gemeinsam, dass sie in erster Linie die schon zitierten positiven Pflichten ernst nehmen und somit mehr in die Gemeinschaft investieren, als sie aus ihr herausholen. Diese negative Nutzenbilanz macht sie zu selbstlosen, also guten Menschen, zumal wir alle davon profitieren und deshalb das Prädikat gut zugleich auch mit der Nützlichkeit für uns verbunden ist. Sie üben mehr Solidarität als sie für sich einklagen und entlasten dadurch uns, die wir vielleicht mehr aus der Gemeinschaft an Vorteilen ziehen, als wir für sie zu opfern bereit sind. Bei den früheren Kriegshelden war dies ähnlich: Sie setzten ihr Leben für die gemeinsame Sache ein, und nur im Falle ihres Überlebens konnten sie das Gutsein und den Erfolg zusammen genießen, beim Heldentod ging diese Rechnung leider nicht auf. In kriegerischen Gesellschaften konnte aber Gutsein im Sinne von Opferbereitschaft für die Gemeinschaft und Erfolg auch zusammenfallen, heute gilt dies allenfalls für Selbstmordattentäter. Bei Kriegshelden wird auch deutlich, wie gut und böse von der Seite abhängen, auf der man steht: des einen Held, des anderen Bösewicht.
Wir profitieren also von den guten Menschen, wir nutzen sie in gewisser Weise aus und verachten sie dafür auch klammheimlich. Trotzdem haben wir ihnen gegenüber ein schlechtes Gewissen und singen dafür ihr hohes Lied.

Man kann natürlich auch fragen, ob ein erfolgreicher Mensch nicht auch der Gemeinschaft dient. Die Frage kann bejaht werden, wenn der Erfolg mit erkennbaren Vorteilen für diese verbunden ist. Erfolgreich sein heißt zumindest in Marktwirtschaften – und das ist ihre Moral –, dass die Kunden die Leistung honorieren müssen. Das gilt für Sportler und Künstler, die geldwerte und zumindest prestigeträchtige Bewunderung auf sich ziehen, aber natürlich auch für den Geschäftsmann und Produzenten, der gute Waren preiswert liefert und damit erfolgreicher ist als sein Konkurrent. Es ist gerade das Geheimnis des Marktmechanismus, dass der Egoismus des Erfolgssüchtigen zur Befriedigung der Bedürfnisse anderer führt und auf diesem Wege ohne Moral des guten Motivs auskommt. Gesichert muss nur sein, dass alles mit rechten Dingen zugeht, also nach für alle verbindlichen Regeln, und die Rechte anderer nicht verletzt werden, also die negativen Pflichten eingehalten werden. Dieser Mechanismus gilt übrigens nicht nur beim Geld und Profit, sondern auch da, wo es nur um Ehre und Prestige geht, also um eine immaterielle Währung. Man könnte auch sagen, dass Ehrgeiz ein Mittel ist, das Beste aus dem Menschen heraus zu kitzeln und damit auch die geeignetsten an die richtige Stelle (meist: an die Spitze einer Hierarchie) zu bringen.

In sehr grundsätzlicher Hinsicht gilt dies nicht nur für Marktwirtschaften, die dies zum Grundprinzip erhoben haben, sondern auch für andere Gemeinschaften. Wer sich für die Gemeinschaft hervortut oder zumindest erfolgreich diesen Eindruck erweckt, kann sich der allgemeinen Wertschätzung erfreuen und wird genau deshalb auch nicht als guter, sondern vornehmlich als erfolgreicher Mensch betrachtet.

Man mag nun von den Marktmechanismen halten, was man will und diese optimistische Einschätzung teilen oder nicht, man kommt nicht darum herum, die damit verbundene Frage zu akzeptieren: Wäre die Welt noch schlechter, wenn alle nur nach individuellem Erfolg strebten, oder wäre sie wirklich viel besser, wenn es nur die berühmten guten Menschen gäbe? Anhand des Schwarzfahrers haben wir schon diskutiert, dass alleine die Orientierung am individuellen Nutzen eine Gemeinschaft nicht erhält. Gut sein bedeutet also zumindest, sich an die Regeln zu halten, auch wenn sie in diesem Moment von individuellem Nachteil sind und nur generell für jeden von Nutzen. Aber das sind noch nicht unsere guten Menschen. Ein guter Mensch muss mehr aufweisen, als dass er sich bei der Verfolgung seiner individuellen Interessen an die Regeln hält.

Nun setzt Erfolg als ein überindividuell anerkanntes Kriterium gemeinsame Maßstäbe voraus und Erfolg wird durchaus von Land zu Land, von Kultur zu Kultur oder Milieu zu Milieu unterschiedlich definiert. Reich zu sein, scheint sich zwar als ein universelles Erfolgskriterium durchzusetzen, das immer weniger danach fragt – Geld stinkt nicht –, auf welche Weise der Reichtum entstanden ist. Andererseits scheint dieses Kriterium die Menschen eher in Konkurrenz voneinander zu trennen als sie in eine Gemeinschaft zusammenzuführen. Aber auch Konkurrenz verbindet, wenn es um gemeinsame Märkte geht, und der Leistungssport zeigt, dass Konkurrenz auf gemeinschaftliche Regeln und Ziele angewiesen ist. Bei anderen Erfolgskriterien ist der Bezug auf die Gemeinschaft direkter. Beruflicher Erfolg oder Erfolg in Kultur und Wissenschaft ist immer auf die Gemeinschaft derer angewiesen, die diese Leistungen hoch schätzen und entsprechend bewundern (und bezahlen).

Bei den guten Menschen ist dies anders. Sie üben Solidarität, haben Mitleid, betonen das Gemeinsame und favorisieren Gleichheit, sie haben aber genau deshalb auch weniger Sinn für Individualität, Selbstverwirklichung, Leistungsbewusstsein, Konkurrenzstreben, Emanzipation und soziale Distanz. Da sie das Geld und die Zeit, die sie den Armen geben i.d.R. nicht selbst verdienen, sondern von den anderen, den Erfolgreichen einklagen, wird ein neuer, innerer Zusammenhang von gut und erfolgreich deutlich. Nur wer etwas hat, kann den anderen etwas geben. In früheren Zeiten hatten die, die etwas hatten, dies zuvor den anderen weggenommen und einen Teil davon dann als Gutmenschen wieder zurückgegeben (und sich damit einen Platz im Himmel gesichert).

Wir können heute eher davon ausgehen, dass nicht die einen im Sinne eines Nullsummenspiels auf Kosten der anderen reich werden, sondern nur die Partizipation am Wachstum unterschiedlich ausfällt und das Wachstum auch durch den Erfolg der Erfolgreichen bestimmt wird. Die guten Menschen sind in Einzelfällen erfolgreiche Menschen, die mehr als andere abgeben, aber natürlich nur so viel, wie es ihren Erfolg nicht gefährdet. In den meisten Fällen sind es aber Menschen, die das Geld der einen (den Erfolgreichen) an die anderen (die Erfolglosen) geben und selbst dabei zwar ihren Lebensunterhalt, aber nicht sehr viel mehr verdienen. Allenfalls gewinnen sie ein bisschen Ehre und Anerkennung als gute Menschen inklusive ein bisschen Verachtung durch die, deren Almosen bzw. Steuergelder sie verteilen.

Sieht man von den besonderen oder professionellen guten Menschen einmal ab, so spielt das Gutsein doch auch im Alltag aller eine große Rolle. Wir kennen rücksichtslose, skrupellose und egoistische Menschen, wie eben aber auch gute, rücksichtsvolle, hilfsbereite und verständnisvolle Menschen. Dies hat nichts damit zu tun, dass die einen sich an die Regeln halten und die anderen nicht, sondern mehr mit dem alltäglichen Miteinander. Die einen haben sozial eine eher negative, die anderen eine eher positive Grundstimmung und bezüglich dessen, was wir als gut bezeichnen würden, kann man sicherlich sagen, dass hier eine prosoziale Einstellung vorherrscht, die zuerst mal von Gemeinsamkeiten ausgeht und sich allenfalls im Enttäuschungsfall davon zurückzieht. Aber diese Gemeinsamkeiten müssen nicht nur vermutet werden, sondern auch da sein, Gutsein setzt Gemeinsamkeit voraus, Gemeinsamkeit von Werten,

Interessen und Umgangsformen (Sitten, lateinisch: »mores«, und davon kommt auch das Wort Moral). Gutsein heißt mehr, als die goldene Regel vorschreibt, gut sein heißt, sich positiv auf das Gemeinsame einzulassen und es zu fördern – und ist deshalb auf Gemeinsames angewiesen.

> *Und die Moral von dieser Geschichte: kein Gutsein ohne Gemeinschaft und weiter: ohne Gutsein, nur mit Regelkonformität und goldener Regel kann ein sozialer Zusammenhang nicht bestehen, ja noch weiter: Ohne Gemeinschaft und Gutsein wird sich auch keiner an die Regeln halten. Die goldene Regel appelliert an den Verstand, der gute Mensch an das Herz, wir würden eher sagen: an das verspürte Gemeinsame, aber wie verhalten sich beide zueinander?*

3   **Von Heiligen und Scheinheiligen. Wie man
mit Moral auch unmoralisch umgehen kann**

Nun haben wir zwar immer wieder davon gesprochen, warum
Moral notwendig ist, dass sie was mit Gemeinschaft zu tun hat, wir haben aber immer mehr oder weniger den Einzelmenschen im Auge ge-
habt, der nach der Moralität seines Handelns in einer Gemeinschaft
fragt. Wir haben immer wieder betont, dass Moral was mit Dialog zu tun
hat, haben aber immer nur den Monolog der moralischen Prüfung von
Handlungen behandelt. Wenn wir vom Dialog gesprochen haben, dann
meist nur in dem Sinne, dass sich alle Beteiligten und Betroffenen über
Moral einigen müssen. Moral steht aber nicht nur bei diesen Gelegenhei-
ten zur Diskussion, dies ist ja eher die Ausnahme, sondern spielt in den
tagtäglichen Auseinandersetzungen eine Rolle, in denen nicht über sie
debattiert, sondern in der sie angewandt wird. Tausende von Polizisten,
Richtern und Rechtsanwälten haben nichts anderes zu tun, als über die
Einhaltung von Regeln zu achten, Konflikte zu schlichten und die Verstöße zu ahnden. Sie wenden Regeln an, auf die man sich mehr oder weniger geeinigt hat und entlasten dadurch den Alltag von moralischen
Grundsatzdebatten.

Diese Anwendungstätigkeiten halten Moral aufrecht, sie entwickeln sie
aber auch weiter. Alle Beteiligten interpretieren die Regeln immer etwas
anders, neue Entwicklungen werden dabei berücksichtigt. Schwächen
der Regeln werden deutlich und führen u. U. zur Verabschiedung neuer
Regeln. Die Häufung von bestimmten Konflikten oder Straftaten verweisen auf gesellschaftliche Probleme, die auf politischer Ebene wieder auf-
gegriffen werden können. All dies gehört zur Entwicklung von Moral
durch ihre Anwendung.

Brisanter sind im Alltag aber die wechselseitigen Vorwürfe moralischer
Art und die Beschwörungen von Moral im Rahmen alltäglicher Auseinandersetzungen. Moral kann eine Waffe sein und man kann mit ihr auch
unmoralische Zwecke verfolgen. Der Einsatz der Moral als Waffe in In-
teressenkonflikten hat viele dazu angeregt, Moral generell unter diesen
Verdacht zu stellen und immer zu fragen, wem sie nutzt und wem sie
schadet. Diese Position kann nach alledem, was hier bislang gesagt wurde, nicht richtig sein. Richtig ist, dass Moral missbraucht werden kann
und dass Moral nur eine Waffe in einer Gemeinschaft sein kann, die auf
Moral angewiesen ist. Die Waffe wäre sonst stumpf.

Eine häufige Form des Moraleinsatzes ist die Moralpredigt. Wir kennen
sie alle, als Kinder haben wir sie genießen dürfen, als Eltern selbst zeleb-
riert und auch Vorgesetzte und die, die sich als solche aufspielen, greifen

gerne zu diesem Mittel der Auseinandersetzung. Inhaltlich geht es meist um die Beschwörung der herrschenden Moral mit dem Ziel, den anderen daran zu erinnern und anzuhalten, sich an diese zu halten (»sonst knallt's«). Daran ist auch erst mal nichts Falsches, meist übernimmt schon das eigene Gewissen diese Aufgabe und entsprechend gelangweilt und genervt reagieren denn auch die Opfer solcher Predigten. Sie empfinden nicht so sehr den Inhalt negativ, den kennen sie schon, sondern den Beziehungsaspekt. Wer darf eigentlich einen anderen im Namen der Moral kritisieren und schurigeln? Moralpredigten gehen immer von oben nach unten und das teilen sie auch mit. Die herrschende Moral ist die Moral der Herrschenden, das ist die Botschaft. Nun ist illegitime, d. h. nicht auf Konsens beruhende Herrschaft selbst eine Verletzung der Moral erster Ordnung, und wenn die herrschende Moral wirklich nur die Moral der Herrschenden ist und nicht schlicht die vorherrschende, was etwas anderes ist, dann wird hier Moral als ein Herrschaftsmittel eingesetzt. »Sie predigen Wasser und trinken selbst Wein«, das ist die moralische Kritik von unten nach oben, mit der die moralischen Zumutungen von oben zurückgewiesen werden.

Wir haben schon mehrfach darauf hingewiesen, dass Moral zweiter Ordnung direkt und die erster Ordnung zumindest indirekt auf Gemeinschaft angewiesen ist. Aber nicht jede Gemeinschaft ist eine moralische im Sinne der Normen erster Ordnung, und diese können in deren Namen auch kritisiert werden. Demokratische Revolutionen oder Reformen tun nichts anderes. Sie spielen die Normen erster Ordnung gegen die konkreten Normen zweiter Ordnung aus, Moral einer Ebene gegen Moral der anderen, und es ist im Einzelfall für die Beteiligten nicht immer einfach, die verschiedenen Ebenen auseinander zu halten, und es stehen Moral gegen Moral, als gäbe es da keine vernünftige Entscheidung. Aber auch die siegreichen Revolutionen stellen meist nicht einfach eine neue Moral gegen die alte, sondern klagen die Einhaltung der Moral erster Ordnung ein, um eine neue zweiter Ordnung zu installieren.

Lassen wir aber die dramatischen Punkte der Weltgeschichte beiseite und kommen wir wieder auf unseren Alltag zurück. Ein bisschen dieser Dramatik spielt sich auch hier ab. Wir freuen uns diebisch, wenn jene, die gerne Moral predigen, selbst bei Verstößen gegen die Moral erwischt werden, wenn sich die Heiligen als Scheinheilige entpuppen. Natürlich sagt dies noch nichts gegen die Moral, die sie predigen, aber es sagt doch etwas über den Beziehungsanspruch, der mit dieser Predigt verbunden ist. Wir vermuten beim Moralisten immer ein weiteres, amoralisches Motiv. Moralwächter haben nicht nur immer etwas Strenges, sondern sie scheinen eine Befriedigung damit zu verbinden, anderen Mores zu lehren, sich über sie zu erheben und vielleicht klammheimlich aus dieser sozialen Situation noch weitere Vorteile zu ziehen. Arbeitgeber predigen

Fleiß und Loyalität nicht ohne Hintergedanken, Eltern und Lehrer machen sich ihre Situation leichter, wenn sie ihre Ruhe haben und nicht immer diskutieren müssen, und von unten nach oben wird mit dem Ruf nach Gerechtigkeit nicht selten im alltäglichen Verteilungskonflikt ein Schnäppchen geschlagen. Der moralische Zeigefinger will gerne verbergen, dass es eigentlich, zumindest aber auch, um andere Interessen geht. Nichts ist schöner, als wenn man seinem Gegner oder Konkurrenten irgendwelche moralischen Verfehlungen nachweisen kann, die einen nicht die Bohne interessiert hätten, ginge es nicht eben um den Konkurrenten oder Gegner, dem man auf diese Weise eins auswischen kann.

Solche Spielchen sind meist leicht durchschaubar, aber man hat doch die schlechteren Karten, wenn an den Vorwürfen etwas dran ist. Zwar ist dieses Spiel mit der Moral selbst unmoralisch, weil es einem gar nicht um die Moral, sondern um die eigenen Interessen geht, aber es geht eben doch auch um Moral und das kann zwar ärgerlich, im Prinzip aber nichts Schlechtes oder Falsches sein.

Schwieriger ist es, wenn der Moralapostel sich selbst an die Moral hält und man ihm oder ihr außer einer gewissen Selbstgerechtigkeit nichts vorwerfen kann, die ewigen Moralbeschwörungen aber dennoch lästig sind. Aber was ist das Lästige daran? Moralapostel lassen einfach nichts durchgehen, sie bestehen auf der strikten Regeleinhaltung und reagieren unduldsam auf die kleinsten Verstöße. Dies ist so kontraproduktiv wie Dienst nach Vorschrift. Ohne kleine Lügen kommt man kaum durch den Tag, ohne kleine Aggressionen bekommt man Magengeschwüre und nichts ist entspannender, als sich über unbeliebte Menschen lustig zu machen. Dass man bei diesen Entspannungsübungen nicht nur Täter, sondern auch Opfer ist, weiß man irgendwie (und findet das dann gar nicht mehr so entspannend), man möchte aber auch nicht immer gleich zur moralischen Ordnung gerufen werden.

Die strikte Regeleinhaltung scheint einem den Spaß zu verderben, vielleicht sogar das Zusammenleben zu erschweren. Wie ist das möglich? Moral ist doch etwas, was man gar nicht strikt genug einhalten kann. Kluge Religionen lassen aber den kleinen Sünden ihren Lauf, ein bisschen Beichten, ein bisschen Reue und ein bisschen Buße und die Sache ist gelaufen. Die moralischen Grauzonen scheinen das Schmiermittel zu sein, das unser Zusammenleben reibungsloser macht. Moralin scheint das Reinigungsmittel zu sein, das dieses Schmiermittel auflöst und das Getriebe zum Knirschen bringt. Aber Schmiermittel darf nicht zu wenig, vor allem aber auch nicht zu viel im Getriebe sein. Das richtige Maß zu finden ist auch eine unverzichtbare moralische Kompetenz und wir merken meist schnell, wenn die Schwellen nach unten und oben überschritten werden.

Und die Moral von dieser Geschichte? So unverzichtbar Moral auch für das Zusammenleben ist, ihre kompromisslose Einhaltung kann das Zusammenleben auch erschweren und wir brauchen ein Sensorium für die lässlichen Sünden unterhalb der Schwelle, wo sie für andere richtig lästig werden. Vor allem muss die Beschwörung von Moral keineswegs im Namen der Moral stehen, sondern kann ganz anderen Interessen dienen und das ist selbst unmoralisch.

4   **Moralische Krise oder Krise der Moral?**
    Ein zeitbezogenes Resümee

Die Kluft zwischen arm und reich scheint sich national und international auszudehnen, wachsender Egoismus wird beklagt, Korruption und Bestechlichkeit scheinen in die Hochburgen preußischer Tugenden einzuziehen, und Gewalt nimmt zu und wird zunehmend zum beliebtesten Thema der Unterhaltungsindustrie, vom allgemeinen Werteverlust und moralischer Beliebigkeit ganz abgesehen. Es gibt viele Belege für diese Warnungen und viele Hinweise, dass dem nun so auch wieder nicht ist. Blickt man zurück, dann wurde der Verfall der Moral schon immer beklagt und wären diese Klagen immer berechtigt gewesen, wir lebten in einem moralischen Chaos des Krieges aller gegen alle. Dem ist wohl nicht so und wir lassen diese Frage auf sich beruhen. Seit der Vertreibung aus dem Paradies müssen wir gut und böse unterscheiden und müssen uns für das Gute einsetzen und das Böse bekämpfen. Insoweit sind Warnungen vor einer moralischen Krise immer berechtigt, das Gute steht immer in Gefahr, dem Bösen zu unterliegen, das macht schließlich den Sinn dieser Unterscheidung aus.

Wenn das Gute das ist, was nach der Vertreibung unser soziales Zusammenleben ermöglicht, dann ist das Böse das, was es gefährdet. Das Zusammenleben ist für uns lebensnotwendig und nützt uns und wir wissen dies. Aber es legt uns in diesem Nutzen auch immer Grenzen auf und wir müssen uns im wohlverstandenen Interesse selbst beherrschen, moralisch denken und handeln und tun uns mehr oder minder schwer damit. Das ist die Unausweichlichkeit der Moral. Wenn wir das Böse immer wieder erfinden, etwa im Krimi oder durch unsere Feindbilder und es dann auch bekämpfen, erledigen wir vielleicht unseren inneren Kampf gegen das Böse in uns, fühlen uns als gut und bringen außerdem noch ein paar aggressive Bedürfnisse auf harmlose oder sogar nützliche Weise unter. Aber das sind psychologische Spekulationen, die interessant sind, aber moralisch folgenlos bleiben müssen.

Natürlich gelingt uns das moralische Verhalten umso besser, je mehr uns von außen durch Kontrolle dabei geholfen wird und am besten dann, wenn wir ohnehin wollen, was wir moralisch sollen. Eine Sozialisation, die dies vermittelt, die uns in ein Leben hineinwachsen lässt, in dem sich alle an Regeln halten, diese auch begründen und dabei noch alle glücklich sind, bedeutet eine heile Welt, die es so perfekt für keinen von uns gibt und für viele und allzu viele kaum oder fast gar nicht gibt. Die berühmt-berüchtigte »schwere Kindheit«, die zur Erklärung und Entschuldigung von und für kriminelle Handlungen herangezogen wird, hat genau hier ihren Kern. Wer nicht lernen durfte oder konnte, dass moralisches Verhalten nicht nur gut für alle, sondern auch für jeden Einzelnen ist, dass man nicht der Dumme ist, wenn man sich an die Regeln hält, hat im Kampf gegen das Böse schlechte Karten. Dies gilt auch für die, die nicht Mitglied einer moralischen Gemeinschaft werden dürfen, mit der sie sich identifizieren können und deren Regeln sie internalisieren. Moralpredigten haben hier keinen Sinn, harte Strafen auch nicht. Wer nicht in die Gemeinschaft aufgenommen wurde, verhält sich ihr gegenüber feindlich, bestenfalls gleichgültig oder bildet mit anderen zusammen Gegengemeinschaften. Diese sind für die anderen das Reich des Bösen, die in der Phantasie noch böser sind als in der Realität, von denen aber immer auch gilt, dass sie die anderen als das Böse wahrnehmen.

Nehmen solche Phänomene in einer Gesellschaft überhand, werden einzelne oder Gruppen nicht hinein gelassen oder nach der Rettungsbootlogik wieder rausgeschmissen, bekommt die Gesellschaft ihre moralische Quittung. Wer die Zunahme des Bösen beklagt, sollte sich fragen, ob er nicht nur individuell sich immer moralisch verhält, sondern ob die Verhältnisse so sind, dass er sie auch dann gut finden würde, wenn er nicht wüsste, als wer er geboren würde.

All dies fällt nach üblichem Sprachgebrauch unter moralische Krise. Damit meinen wir, dass wir zwar alle wissen, was gut und böse ist, uns aber nicht so verhalten, wie wir müssten.

Haben wir aber auch eine Krise der Moral, also wissen wir vielleicht immer weniger, was gut und böse ist? Für die negativen Pflichten und die Normen erster Ordnung scheint dies nicht der Fall zu sein. Anders könnte dies mit den positiven Pflichten stehen und das hängt mit der Qualität der Gemeinschaften zusammen. Was einerseits mit Emanzipation des Einzelnen von der autoritären Bevormundung durch Gemeinschaften verbunden ist, in die man geboren wurde und die man sich nicht ausgesucht hat, löst andererseits auch die Bindungen und Solidaritäten. Wem alle Menschen in gewisser Weise gleich gültig werden und er sie nicht danach unterscheidet, ob sie zur eigenen Gemeinschaft gehören oder nicht, der wird ihnen in dieser Weise gegenüber auch gleichgültig. Es ist diese wachsende Gleichgültigkeit, die gegenwärtig häufig als Krise der Moral gekennzeichnet wird.

Jenseits aller politischen, ökonomischen und sozialen Aspekte scheint mir dies der Kern des immer wieder konstatierten »Kampfes der Kulturen« zu sein. Religiöser Fundamentalismus schreckt vor der Gleichgültigkeit auf der Basis von gleicher Gültigkeit individueller Freiheit zurück und sucht die Sicherheit in der Gemeinschaft, in der Religion und Politik wieder identisch sind. Ist diese Gleichgültigkeit das Ende von Solidarität? Ihr könnte nur begegnet werden, wenn Solidarität und moralische Verbindlichkeit sich von der Gemeinschaftslogik weiter löst und auf eine andere Basis gestellt wird. Moral würde sich damit immer weiter auch aus der bloßen Konvention oder der konkreten sozialen Gemeinschaft und sozialen Kontrolle in Richtung auf allgemeingültige, universelle Regeln entwickeln. Dies ist ohnehin ein Prozess, der mit der Entwicklung moderner Gesellschaften verbunden ist. Die Grundlage des gegenseitigen Respekts bleibt immer weniger die Zugehörigkeit zu einer konkreten Gemeinschaft und wird immer mehr die Würde des Menschen als Träger der Menschenrechte, die für alle gleich sind. Wir haben weiter oben gefragt, ob jenseits von Gruppenzugehörigkeit und bloßem Nutzen eine weitere Verbindung zwischen den Menschen denkbar ist, die das friedliche und zufriedenstellende Leben nach der Vertreibung aus dem Paradies sichert. Der Nutzen allein reicht nicht aus, so haben wir gesehen, die Gruppen und Gemeinschaften werden kleiner und verlieren an Kraft. Damit steigen die moralischen Probleme. Die Frage nach der Lösung muss offen bleiben, die Frage nach der Moral ist immer offen, Sicherheit gab es nur im Paradies.

> *Aber: die Moral dieser Geschichte ist nicht so einfach. Je weniger die Gemeinschaft innerlich wie äußerlich Halt und Orientierung gibt, desto stärker muss die Autonomie der Betroffenen ausgeprägt sein, um nicht nur die wachsenden Freiheiten selbstverantwortlich zu nutzen, sondern sich mit denen verbunden zu fühlen, die dies noch nicht oder nicht mehr können. Weniger der Herdentrieb wird in Zukunft verbinden, sondern das Bewusstsein davon, zunehmend ein Mitglied der ganzen Menschheit zu sein. Die zunehmenden Verflechtungen, das, was wir auch Globalisierung nennen, lässt uns keine Wahl. Der Kopf wird moralisch immer wichtiger ohne auf das Herz ganz verzichten zu können.*

SIND WIR JETZT KLÜGER? – EIN KLEINES NACHWORT

Ausgangspunkt allen Nachdenkens über Moral sind moralische Probleme. Wir haben ja schon immer eine Moral und deshalb müssen wir eigentlich nicht grundsätzlich darüber nachdenken, wie wir zu einer kommen. Wir denken auch schon immer, wenn wir über das Denken nachdenken, aber wir müssen immer wieder über das Denken nachdenken, weil wir immer wieder mit dem Denken Probleme haben. Und so ist es auch mit der Moral. Wir wissen, was gut und böse ist, dazu müssen wir keine Bücher lesen und trotzdem haben wir mit der Unterscheidung von gut und böse immer wieder Probleme. Schön wäre es, wenn man dann im moralischen Lexikon nachschlagen könnte und die Antwort finden würde. Früher gab es diese Bücher, die Zeiten sind vorbei und die Unsicherheiten nehmen zu. Das Nachdenken über Moral wird wieder eine anstrengendere Arbeit für uns und wir müssen lernen, wie man diese Arbeit macht. Die Flut von Ethikkommissionen, Ethikräten usw. spricht eine deutliche Sprache. Vor allem müssen wir lernen, wie man es nicht machen darf. Wir müssen für uns klären, in welchen Fragen man eine allgemein verbindliche Antwort braucht, wo sie wünschenswert ist und wo diese nicht möglich ist, worüber man sich nur einigen kann und muss, vielleicht nur mit wenigen, vielleicht nur auf eine gewisse Zeit. Moral ist unser eigenes Produkt, das nie fertig zu werden scheint. Die erste Vertreibung aus dem Paradies erzeugte diesen Zwang dazu. Die erste Antwort war die Herausbildung von Traditionen und unhinterfragbaren moralischen Autoritäten. Die zweite Vertreibung bestand mit dem Beginn der Moderne in dem Zwang zur rationalen Begründung der Moral. Gott ist tot und die Traditionen haben ihre Macht verloren. Viele wollen aus Angst vor der drohenden Leere wieder zurück zu den Göttern, zu den Traditionen und traditionellen Gemeinschaften. Sie predigen den vernünftigen Verzicht auf die Vernunft. Der moralische Grübelzwang aber geht immer weiter, diese Lektion müssen wir lernen. Vor allem müssen wir lernen, dass man mit moralischen Urteilen vorsichtig sein muss. Empörung fühlt sich gut an und ist leicht mobilisiert, Moral kann aber auch eine Waffe sein, auf die man im Namen der Moral verzichten muss.

Sind wir jetzt klüger, ist der Leser klüger geworden? Die Frage muss natürlich jeder für sich beantworten. Aber was können wir nach unserem Gedankengang als klug bezeichnen? Wir sprechen gerne von »klug und weise« und in moralischen Fragen wird man eher weise als klug. Weise meint, dass man sich stärker der Dinge bewusst wird, die man tut und warum man sie tut und in diesem Sinne auch, dass man weiß, was es bedeuten kann, klug zu sein. Also klüger sind wir nicht unbedingt geworden, vielleicht aber ein bisschen weiser.